15 LIÇÕES
PARA
CRIAÇÃO
DE
FILHOS

Ferramentas práticas para educar
e disciplinar com muito amor

DAVID & CAROL SUE MERKH

©2013 por David e
Carol Sue Merkh.

3ª edição: agosto de 2020
2ª reimpressão: outubro de 2023

Revisão
Josemar de Souza Pinto

Capa
Douglas Lucas

Diagramação
Sonia Peticov

Editor
Aldo Menezes

Coordenador de produção
Mauro Terrengui

Impressão e acabamento
Imprensa da Fé

As opiniões, as interpretações e os conceitos emitidos nesta obra são de responsabilidade do autor e não refletem necessariamente o ponto de vista da Hagnos.

Todos os direitos desta edição reservados à
Editora Hagnos Ltda.
Rua Geraldo Flausino Gomes, 42, conj. 41
CEP 04575-060 — São Paulo, SP
Tel.: (11) 5990-3308

E-mail: hagnos@hagnos.com.br
Home page: www.hagnos.com.br

Editora associada à:

Dados Internacionais de Catalogação na Publicação (CIP)
Angélica Ilacqua CRB-8/7057

Merkh, David J.
15 lições para a criação de filhos: ferramentas práticas para educar e disciplinar com muito amor / David J. Merkh, Carol Sue Merkh. 3. ed. São Paulo: Hagnos, 2020.

ISBN 978-85-243-0556-6

1. Filhos — Educação cristã 2. Vida Cristã 3. Discipulado 4. Família cristã I. Título II. Merkh, Carol Sue

19-1509   CDD-268:432

Índice para catálogo sistemático:
1. Filhos — Educação cristã — Cristianismo   268:432

Para casais de todo o Brasil e de todo o mundo, desejosos de cumprir o propósito de refletir a imagem de Deus em sua família e em seus filhos.

Que esta série de estudos reforce valores bíblicos e estimule sua aplicação prática em seus lares, visando a um reavivamento verdadeiro a partir da família.

Os filhos são herança do SENHOR,
e o fruto do ventre é a sua recompensa.
(Salmos 127:3)

Agradecimentos

Mais uma vez, expressamos nossa gratidão aos casais da Primeira Igreja Batista de Atibaia, SP, e aos alunos casados do Seminário Bíblico Palavra da Vida, que foram as "cobaias" na ministração destes estudos. Temos também uma dívida de gratidão para com Christine Gäbel Bono, pela cuidadosa revisão do texto. Suas sugestões práticas e seu encorajamento nos ajudaram a completar mais um caderno da série *Construindo um lar cristão*.

Nossa apreciação pela equipe da Editora Hagnos cresce a cada dia. Obrigado, irmãos, pela visão e pelo investimento nesta série de estudos!

O conteúdo deste caderno baseia-se na autoridade bíblica, e não em nossa experiência. Mesmo assim, o dia a dia com nossos seis filhos foi a forja onde os princípios bíblicos foram testados e provados. Hoje, temos a alegria de ver esses princípios sendo aplicados por eles na educação dos seus filhos, nossos netos! A sabedoria divina funciona na criação dos filhos! Apesar das nossas muitas falhas, Deus permanece fiel e tem abençoado geração após geração dos que confiam nele e em sua Palavra na transmissão da fé!

Obrigado, Senhor, pelo privilégio de oferecer nossa pequena contribuição à igreja e à família brasileira. Usa-a como desejares, para tua glória. Amém.

David J. Merkh

Sumário

Prefácio 9
Introdução 11

Parte I: Você e seu filho

1. Perigo à vista? Uma perspectiva bíblica sobre filhos 25
2. No limite: evitando os extremos da paternidade 35
3. Pais pastores 50
4. O coração da questão: uma questão do coração 65

Parte II: Discipulando seu filho

5. No caminho em que deve andar 83
6. Crescimento espiritual na família 97
7. Passando o bastão: transmitindo a fé à outra geração 107
8. A quem honra, honra 122
9. O legado familiar 137

Parte III: Disciplinando seu filho

10. O padrão bíblico de obediência 151
11. Não provocar a ira dos filhos 165
12. A dor do leproso: disciplina no lar 179
13. Princípios bíblicos de disciplina 190

Parte IV: O filho, o futuro e os confins da terra

14. O filho e seu futuro 203
15. Famílias com uma missão 218

Caderno de oração 233

Palavra final 235

Outros recursos oferecidos pelos autores, para a família
e para grupos pequenos 237

Prefácio

No meio evangélico brasileiro, pouco material existe que possa ser usado em grupos pequenos para estudos sobre criação de filhos.[1] Acreditamos que há muito espaço para este manual — *15 lições para a criação de filhos* — neste conjunto de cadernos de estudos que fazem parte da série *Construindo um lar cristão*. Alguns destaques distinguem este curso:

1. **Ênfase bíblica e cristocêntrica** — Ancoramos todos os estudos na autoridade bíblica. Procuramos enfatizar o que a Bíblia diz quanto à criação de filhos. Fugimos de assuntos de que a Bíblia não trata. Em tudo reconhecemos que nosso objetivo como pais deve ser centralizado na pessoa de Cristo — sua imagem sendo reproduzida em nós e em nossos filhos, pela sua obra redentora.
2. **Contexto brasileiro** — Exemplos, citações, problemas e toda a aplicação dos estudos refletem a realidade brasileira.
3. **Método interativo** — Os facilitadores lideram discussões; **não** dão aula. Há muita liberdade para o estudo indutivo de textos

---

[1] Exceção notável é o currículo *Educação de filhos à maneira de Deus*, preparado por Gary e Anne Marie Ezzo. O material é de excelente qualidade e tem beneficiado imensamente nossa família. Como pais, seria ingratidão não reconhecer o valor desse currículo.

bíblicos, um compartilhar dinâmico e a contribuição de todos os membros do grupo.

4. **Autonomia local** — Oferecemos os cadernos desta série às igrejas no Brasil, sem nenhuma tentativa de padronizar o uso deste material. Não é nosso objetivo apresentar um tipo de *franchising*. No interesse de integridade e ética cristã, pedimos apenas que não sejam feitas cópias não autorizadas deste manual. Desejamos que cada igreja local avalie o currículo e dele faça uso da forma que lhe for mais conveniente: em classes de Escola Bíblica Dominical (EBD), grupos pequenos, estudo individual, encontros de discipulado ou retiros especiais.

5. **Curso completo** — Este caderno faz parte de uma série maior, capaz de conduzir os membros do grupo a uma compreensão de sua função, **não somente como pais**, mas como cônjuges. Abrange também meios de enfrentar com coragem as tempestades que afligem tantos lares atualmente.

Nosso desejo e nossa oração é que *15 lições para a criação de filhos* encontre seu espaço como ferramenta útil, prática e, acima de tudo, bíblica para encorajá-lo, como pai ou mãe, no discipulado e na disciplina de seus filhos.

DAVID E CAROL SUE MERKH

Introdução

Como usar este material

Bem-vindos à série *Construindo um lar cristão*! Desejamos que ela resulte em experiência de grande aprendizagem e crescimento para casais.

Estes estudos constituem uma espécie de discipulado. Nosso alvo é nos tornarmos cada vez mais semelhantes a Cristo Jesus.

Desenvolvemos esta série depois de ministrar para casais durante vários anos em muitos contextos diferentes. Tentamos apresentar as lições de maneira simples, a fim de que sejam usadas sem dificuldade. E, para facilitar ainda mais o uso deste material, gostaríamos de dar algumas sugestões:

Panorama dos estudos

Estudaremos quatro aspectos da educação de filhos. Primeiro, procuraremos descobrir a perspectiva bíblica sobre filhos e pais — seus respectivos papéis, seu valor, seus erros. Depois, examinaremos o discipulado dos filhos — como alcançar seu coração, como levá-los à salvação em Cristo Jesus e como estabelecer um legado familiar. Em terceiro lugar, trataremos da difícil questão de disciplina no lar, inclusive do alto padrão de obediência exigida por Deus, alguns perigos na disciplina, seu valor e sua prática.

Finalmente, terminaremos nossos estudos considerando como a família pode e deve ter uma missão individual e global, para não se tornar excessivamente voltada para si mesma, transformando-se, por conseguinte, em uma família doentia.

Incluímos nos apêndices ideias criativas para eventos sociais. Procuramos sugerir atividades entre gerações, que promoverão unidade familiar. Oferecemos também ideias para a organização de um ministério com pais.

Benefícios desta série de estudos

1. Oferece oportunidades para o casal focalizar e aperfeiçoar seu crescimento conjugal.
2. Promove comunhão e mutualidade entre pessoas com interesses comuns.
3. Exige apenas um compromisso a curto prazo dos membros do grupo.
4. Não requer um "profissional" para liderar o grupo; somente um "facilitador".
5. Focaliza o texto bíblico, e não as opiniões humanas, como a autoridade final para a vida e o casamento.
6. Não requer treinamento especial e tampouco supervisão fora do contexto da própria igreja.
7. Leva à aplicação prática dos princípios aprendidos.
8. Segue o modelo bíblico de encontros em grupos familiares pequenos (v. At 2:41-47; Hb 10:24).
9. Funciona como curso de discipulado na vida cristã.
10. É versátil, sendo facilmente adaptável ao uso em grupos pequenos, Escola Bíblica Dominical (EBD), aconselhamento pré ou pós-nupcial e em muitos outros contextos.

Compromisso do grupo

Existem alguns requisitos básicos para o bom funcionamento de um grupo de estudo bíblico familiar. Por se tratar de um currículo breve, todos os participantes do grupo devem concordar em cumprir o que determinam estes quatro "Ps":

- **Presença** — Procurar não faltar aos encontros. É recomendável que AMBOS — marido e esposa — estejam presentes aos encontros e que AMBOS façam as tarefas!
- **Pontualidade** — O atraso de alguns minutos pode prejudicar não somente o casal, mas o grupo inteiro.
- **Participação** — Todos os estudos pressupõem uma participação ativa dos membros do grupo. Ninguém estará "lecionando" para o grupo; por isso, cada membro precisa fazer sua parte para participar das discussões, sem dominar a conversa.
- **Privacidade** — Nenhum membro do grupo deve compartilhar na reunião algo que possa constranger o próprio cônjuge ou outro membro do grupo. Não deve ainda compartilhar fora do grupo o que foi falado em boa-fé e em confidência numa reunião.

Antes de prosseguir com os estudos, é importante orar, como grupo, sobre esse compromisso. Deus os abençoe ricamente enquanto firmam alicerces matrimoniais cada vez mais fortes.

Uma palavra ao líder do grupo

Parabéns. Pela graça de Deus, você será o facilitador de um grupo de estudo da série *Construindo um lar cristão*. Sua tarefa é de extrema importância e exigirá muita dependência do Senhor. Talvez você se sinta incapaz, e isso é bom. Você está em boa companhia, pois o próprio apóstolo Paulo declara: *Não que sejamos capazes de pensar alguma coisa, como se viesse de nós mesmos, mas a nossa capacidade vem de Deus. Foi ele quem também nos capacitou para sermos ministros de uma nova aliança, não da letra, mas do Espírito* (2Co 3:5,6). Como alguém afirmou, "Deus não chama os capacitados; ele capacita os chamados".

Gostaríamos de dar algumas diretrizes que poderão ajudá-lo no serviço ao seu grupo. Anime-se! Deus pode usar sua vida para provocar mudanças não somente em sua família, mas também na família de muitos outros casais.

Como iniciar seu grupo

As lições apresentadas aqui podem ser usadas em quase todos os contextos, embora o ideal seja aplicá-las em um grupo pequeno de casais (cinco a sete casais), em uma classe de Escola Bíblica Dominical ou até mesmo em encontros de aconselhamento pré-nupcial.

Sugerimos que, antes de iniciar seu grupo, você **converse com a liderança de sua igreja** a fim de garantir o apoio aos estudos e ao grupo. É preciso que seja escolhido um casal para a função de "**líderes**" ou "**facilitadores**" do grupo. Um segundo casal deve ser escolhido para atuar como **casal anfitrião** (caso os estudos sejam realizados numa casa). E um terceiro casal deve atuar como **colíder** do grupo.

O passo seguinte é **convidar alguns casais** para participarem do primeiro grupo de estudo, caso este ainda não tenha sido formado. Pense em casais que se mostrem prontos para estudar e aprender, desejosos de crescer como casais e que tenham tempo e disponibilidade para frequentar os encontros até o final da série de estudos. É melhor começar com um único grupo e depois expandir para incluir mais casais e mais grupos do que tentar abraçar o mundo desde o início.

O último passo será **marcar a primeira reunião**. Muitos grupos gostam de começar as atividades com uma social informal (piquenique, refeições tipo "juntar panelas", sobremesa, churrasco, jantar romântico). No encontro, você deve apresentar o material, acertar os detalhes das reuniões (onde e quando elas se realizarão) e alistar as encomendas de materiais para o primeiro encontro oficial. O ideal é que marido e esposa tenham materiais separados, pois seria muito fácil somente uma pessoa fazer as anotações e cumprir as tarefas escritas. Com um material único, também fica mais difícil que ambos acompanhem as perguntas e discussões do estudo.

Tarefas do líder

Acima de tudo, a tarefa do líder resume-se na palavra "facilitar". O líder não precisa ter resposta para todas as perguntas levantadas nas reuniões do grupo. Não precisa ter uma família "perfeita". Não precisa gastar horas e horas preparando lições e recursos visuais. Precisa, antes, estar disposto a servir a Deus como bom administrador da sua multiforme graça (v. 1Pe 4:10,11). Precisa preparar-se suficientemente para o bom funcionamento do seu grupo. E precisa depender de Deus para efetuar mudanças permanentes na vida familiar dos casais que compõem o seu grupo.

Os líderes de grupo devem ser pessoas comprometidas com o ministério de casais, com visão para alcançar a família pelos princípios da Palavra de Deus. Devem ser responsáveis, crentes fiéis, com família sadia, mesmo que não perfeita. Precisam correr atrás de respostas às perguntas "cabeludas" que ocasionalmente sejam levantadas no grupo. A seguir, apresentamos um resumo das responsabilidades do líder do grupo:

- Convidar pessoas para compor o grupo e manter o registro dos membros.
- Verificar o lugar, o horário e a duração dos encontros, providenciando alguém para cuidar das crianças que acompanharem os membros do grupo.
- Adquirir um número suficiente de materiais para serem entregues aos membros do grupo.
- Coordenar, junto com os anfitriões, isto é, o casal em cuja casa vai se realizar o encontro, a arrumação do espaço, a disposição de móveis na sala e o lanche que será servido.
- Estudar a lição antes do encontro, fazendo a leitura apropriada, estudando as "dicas", as sugestões e os comentários e esclarecendo quaisquer dúvidas que surjam antes da reunião.
- Cumprimentar os membros do grupo na chegada para a reunião; iniciar o estudo pontualmente e conduzi-lo de forma sábia, sensível às necessidades do grupo e dos anfitriões.
- Dirigir a discussão, sem dominar o estudo nem lecionar o conteúdo deste. O líder deve FACILITAR a aprendizagem e o compartilhamento de TODOS os casais.

- Na medida do possível, incentivar a participação de TODOS nas discussões, evitando que haja um membro dominante no debate.
- Terminar o encontro com uma oração, atentando para o horário combinado para o encerramento.
- Avaliar o progresso do grupo, fazendo as mudanças necessárias e esclarecendo, com o coordenador do ministério com casais, dúvidas que por acaso surjam.

Tarefas do colíder

O colíder pode ser um "líder em treinamento", um ajudante do líder ou alguém com quem se dividam todas as responsabilidades de liderança do grupo. Em termos gerais, suas tarefas incluem:

- Ajudar o líder do grupo em quaisquer necessidades que surgirem.
- Substituir o líder quando este precisar faltar à reunião.
- Ministrar alguns estudos sob a coordenação do líder.
- Manter a chamada (lista de frequência) do grupo e procurar entrar em contato com os membros que eventualmente faltarem.
- Caso haja lanche, coordenar a escala feita para isso, lembrando aos casais escalados sua responsabilidade.
- Promover, junto com o líder, um ou mais eventos sociais extras com o grupo.
- Avaliar, com o líder, o progresso do grupo e o andamento de cada estudo.

Tarefas dos anfitriões

Quando os estudos são ministrados na casa de membros do grupo, os anfitriões têm um papel muito especial. Suas responsabilidades são:

- Preparar o ambiente da sala em que será realizado o encontro, a fim de facilitar a discussão e a comunhão.
- Cumprimentar os membros do grupo quando chegarem, fazendo com que se sintam muito à vontade.
- Preparar a mesa e o lugar onde serão servidos o lanche.

Diretrizes para o grupo

Obviamente, há muita liberdade na maneira pela qual você poderá conduzir seu grupo. Incluímos as sugestões a seguir como guia, e não como "camisa de força". Elas podem ser adaptadas à própria realidade do seu ministério, sob a orientação do Espírito Santo e com muita oração. O resto, o Senhor fará!

Quem deve participar?

Casais desejosos de melhorar seu relacionamento conjugal, conforme os padrões bíblicos. Esses casais devem se comprometer a fazer os estudos e frequentar o grupo, dispostos a seguir os quatro compromissos do aluno:

- Presença
- Pontualidade
- Participação
- Privacidade

Pelo fato de cada lição ser construída sobre a lição anterior, recomendamos que nenhum casal seja admitido no grupo ou na classe depois de a segunda ou a terceira lição ter sido estudada.

Qual a frequência dos encontros?

O ideal é que o grupo se encontre semanal ou quinzenalmente. É possível também que os encontros sejam mensais, mas o tempo maior entre as reuniões dificultará a sequência e o aproveitamento dos estudos.

Onde o grupo deve se encontrar?

Sugerimos que os encontros sejam realizados sempre no mesmo lugar. É possível revezar a casa ou o apartamento a cada encontro, mas isso talvez crie mais problemas do que traga soluções.

E crianças?

O encontro deve ser SEM CRIANÇAS, a não ser que os casais tenham bebês que ainda não possam ficar sem os pais. O líder deve ser criativo em lidar com essa questão. Talvez alguém possa ser contratado para cuidar dos filhos dos casais em determinada casa ou até mesmo na igreja (cada casal pode contribuir com um valor "X" como gratificação para as babás de seus filhos). A presença de crianças complicará demais o desenvolvimento tranquilo das lições.

Qual a duração de um encontro?

Um tempo máximo para o encontro deve ser estabelecido. O período de estudo em uma classe de EBD deve ser no máximo de 60 minutos. Isso significa que algumas partes do estudo talvez tenham de ser excluídas, ou que uma lição deva ser dividida em duas ou mais partes. Neste material, usamos, como padrão, um encontro de duração de 90 a 120 minutos.

Quais as regras do encontro?

1. Ninguém deve dominar o período de compartilhamento.
2. A atenção dos membros do grupo não deve ser desviada do estudo para debate de questões particulares.
3. Nada que possa envergonhar um dos cônjuges ou outra pessoa do grupo deve ser compartilhado.
4. Nada que seja compartilhado de forma confidencial nos encontros deve ser revelado a pessoas que não façam parte do grupo.

Qual a fonte de autoridade para o grupo?

Os membros do grupo devem entender que, embora haja oportunidade para discussão e muita troca de opinião nos encontros, a única fonte de autoridade para o grupo será sempre a Palavra de Deus.

Qual o programa para a reunião?

Para um grupo de casais, sugerimos o seguinte programa:

- **Chegada dos casais.**
- **Terraplenagem** (quebra-gelo): 10 a 15 minutos.
- **Firmando alicerces** (revisão e compartilhamento da tarefa anterior): 10 a 15 minutos.
- **Erguendo paredes** (estudo da lição): 45 minutos.
- **Inspecionando a construção** (exposição das tarefas para a semana): 5 minutos.
- **Acabamento** (sugestões para mais estudo): 5 minutos.
- **Oração e comunhão** (lanche): 30 minutos.

Outros grupos, por exemplo, um grupo de EBD, poderão modificar esse programa de acordo com o tempo de que dispõem.

E o lanche?

Seria bom que, já na primeira reunião, fosse montada uma escala de responsáveis pelo lanche dos encontros seguintes. O lanche deve ser simples. Nada de competição para ver quem traz o melhor prato! A ênfase está na comunhão!

E o treinamento dos líderes?

Quando existe mais de um grupo de estudo na comunidade, é possível realizar um período de treinamento especial de todos os líderes e colíderes. Isso pode acontecer num retiro, num período prolongado de estudo num sábado ou numa classe de EBD. Nesse treinamento, o coordenador do ministério poderá apresentar diretrizes, ministrar os estudos, tirar dúvidas e orientar a equipe.

Como promover maior união no grupo

Sugestões:

1. A "terraplenagem" feita no início de cada lição serve como um quebra-gelo, que visa a unir o grupo e promover mutualidade

bíblica. Sugerimos que, a cada semana, seja feito um quebra-gelo específico. Muitas vezes, o quebra-gelo serve como transição para o tema da lição. Se uma lição for dividida em mais de uma parte, deve ser levada em conta a possibilidade de realizar a "terraplenagem" no primeiro encontro e um ou mais perfis nos outros encontros.

2. Devem ser providenciadas fotos de todo o grupo e uma foto de cada casal separadamente. As fotos do grupo devem ser entregues aos membros do grupo; as fotos dos casais devem ser guardadas pelo líder, para que ele possa usá-las como incentivo à oração pelos casais durante a semana.

3. O líder e o colíder devem se encarregar de ligar para os membros do grupo ou mandar mensagens ocasionalmente, a fim de encorajá-los e saber como estão aproveitando os estudos.

4. Encontros extras devem ser promovidos visando à confraternização de casais e/ou famílias. Um piquenique, um jantar romântico ou outro passeio do grupo são excelentes ideias.

Sobre a última reunião ou "formatura" do grupo

Recomendamos que seja realizada uma programação especial para o último encontro do grupo. De preferência, a programação pode ser feita uma ou duas semanas depois do último estudo. A "formatura" dos casais pode incluir os seguintes elementos:

- Enfeites especiais.
- Lanche (cada casal deverá trazer um prato de doce ou salgado).
- Convidados especiais (talvez casais interessados em participar em um novo grupo de estudo).
- Testemunho dos participantes sobre os pontos altos dos estudos e sobre a maneira pela qual Deus trabalhou na vida deles e na vida de sua família.
- Entrega de certificados aos participantes que mantiveram a frequência exigida e completaram as tarefas.

- Cadastramento daqueles que gostariam de continuar estudando outro material da série *Construindo um lar cristão*.
- Alguma forma de agradecimento especial ou lembrancinha para os membros do grupo e especialmente para os anfitriões e líderes.

PARTE I

Você
e seu filho

LIÇÃO 1

Perigo à vista? Uma perspectiva bíblica sobre filhos

> Princípio de construção
>
> *Filhos são uma bênção. Devem ser apreciados e cuidados no temor do Senhor.*

■ Objetivos do estudo

Como resultado deste estudo, os membros do grupo devem ser capazes de:

- Valorizar os filhos como bênção no plano divino.
- Reconhecer as responsabilidades dos pais na educação dos filhos.
- Avaliar a atitude que têm tido, como pais, nas áreas: planejamento familiar, carreira, adoção etc.

Sugestões:

1. Nesta primeira lição, os líderes e membros do grupo devem se apresentar, falando sobre sua família, sobre o interesse que desenvolvem pelo grupo e sua expectativa sobre o que Deus pode realizar durante os estudos.

2. Se for possível, procure reportagens recentes que reflitam a perspectiva humana e desequilibrada sobre os filhos (por exemplo, artigos sobre aborto, disciplina de filhos, o alto custo de ter filhos, espancamento de crianças, pedofilia etc.).

TERRAPLENAGEM

Começando juntos

- MATERIAL NECESSÁRIO: Fichas de papel contendo as perguntas sugeridas a seguir.
- PROCEDIMENTO: Cada membro do grupo deve responder às duas perguntas que se seguem. Depois, devem compartilhar suas respostas em grupos de, no máximo, quatro pessoas. No final, algumas pessoas devem compartilhar suas respostas com o grupo todo.

1. Por que você está participando deste estudo sobre educação de filhos?
2. Para que dúvidas sobre a criação de filhos você gostaria de encontrar resposta durante o semestre?

FIRMANDO ALICERCES

Se este estudo for uma continuação dos estudos anteriores da série *Construindo um lar cristão*, feitos pelo mesmo grupo, ou ainda se outro currículo sobre a família tiver sido estudado pelo grupo, talvez os seus componentes queiram compartilhar testemunhos e/ou respostas de oração sobre o que tem acontecido em sua vida desde o último encontro.

ERGUENDO PAREDES

Criar filhos não é brincadeira! Todavia, é um relacionamento que pode nos trazer grande alegria e realização. Lembremo-nos de que o relacionamento entre a primeira e a segunda pessoas da

Trindade é comparado ao amor entre pai e filho. Filhos são flechas que nos cabem atirar em direção a um mundo perdido. Não podemos retê-los nem desperdiçá-los, atirando-os em qualquer direção ou deixando-os ao léu.[1]

Cabe aqui uma pergunta: Você tem uma perspectiva bíblica sobre filhos? Ou você tem se deixado levar por uma cultura que pendula entre dois extremos — num instante, considera os filhos como "pragas" e, logo em seguida, considera-os pequenos deuses? Como Deus encara esse enorme privilégio e responsabilidade de criar novas almas, o legado que deixaremos para influenciar um mundo que nós, como pais, provavelmente não veremos? Nesta primeira lição, consideraremos a perspectiva divina e bíblica sobre filhos. No próximo estudo, veremos como evitar os extremos da nossa cultura no que diz respeito às crianças.

A perspectiva bíblica sobre filhos

1. **Leia Gênesis 1:27,28.** O primeiro casal foi criado por Deus para refletir sua imagem na terra (v. 27), em comunhão com Ele. Depois disso, qual foi o primeiro mandamento entregue por Deus ao homem? Por que Ele lhe entregou esse mandamento?

_____
_____
_____
_____

Deus queria que Adão e Eva enchessem a terra com novas imagens. Esses pequenos "espelhos" da sua imagem O representariam em todo o mundo e logo espalhariam sua adoração na terra toda.

2. Você pode perceber alguma ênfase missionária já em Gênesis 1:28? Em que sentido existe essa ênfase? Compare o texto com Mateus 28:18-20.

[1]Pinto, Carlos Osvaldo. *O filho ideal*. Estância Palavra da Vida.

Desde o início, o propósito de Deus era que sua imagem fosse refletida em todo canto do nosso mundo; que a terra fosse cheia da sua glória, cheia de novos adoradores que O adorassem em espírito e em verdade. A grande comissão entregue por Jesus a seus discípulos reflete a continuação dessa missão por intermédio da igreja.

Como resultado do pecado dos pais, a "multiplicação" de novas imagens de Deus resultaria na "multiplicação" da dor para os pais (Gn 3:16-19). Hoje, em vez de reproduzirem novas imagens perfeitas de Deus, os pais geram pecadores, afastados de Deus, com estultícia no coração (Pv 22:15). A tarefa dos pais será resgatar a imagem de Deus nos filhos, levando-os até a cruz e fazendo-os viver a nova vida em Cristo. Só a dependência de Deus pode sustentar os pais nessa tarefa árdua e complicada: a missão de resgatar a alma dos filhos!

Além disso, o pecado em que foi envolvida a raça humana significaria tremenda dor e sofrimento para um descendente da mulher — Jesus —, que seria ferido pela serpente (Gn 3:15). Esta, porém, teria a cabeça esmagada por esse nosso "irmão mais velho", que assim derrotaria o diabo.

De acordo com o que prescreve o Novo Testamento, os pais têm a responsabilidade de levar seus filhos até Jesus para que recebam o perdão oferecido na cruz e vivam sob a graça da ressurreição de Cristo (Ef 6:4).

3. Como o propósito divino missionário "original" foi danificado pela entrada do pecado no mundo (Pv 22:15; Gn 4:8)? Como podem os pais agora restaurar o propósito missionário de Deus?

Baseados no que diz a Bíblia, podemos afirmar que os filhos representam uma oportunidade "missionária" para os pais resgatarem e espalharem a imagem de Deus ao redor da terra. Mesmo depois da queda, o propósito divino não se alterou. Gênesis 5:1-3 revela que os pais foram criados à semelhança de Deus, e os filhos são feitos à semelhança dos pais! São eles um pequeno "audiovisual" do amor dos seus pais, um legado eterno que representa um privilégio enorme e uma responsabilidade ainda maior!

4. Leia Salmo 127:3-5. Cite as palavras e as frases usadas como metáforas para descrever os filhos e o significado de cada uma (veja o primeiro exemplo):

Versículo	Descrição	Significado
v. 3	herança	Filhos são um "presente" de Deus, um legado deixado com os pais para a posteridade.
v. 3		
v. 3		
v. 4 e 5		

5. Qual o significado da expressão "filhos da mocidade"? Quais as vantagens que pais jovens têm na criação de filhos?

À luz da Palavra de Deus, os filhos devem ser uma bênção. De forma especial, os "filhos da mocidade", porque nascem quando os pais ainda são suficientemente jovens para treiná-los, acompanhá-los e ver a prosperidade por novas gerações. Os pais jovens têm energia e disposição suficientes para acompanhar a educação e a disciplina de seus filhos. Têm a vantagem de ainda se lembrar como era ser criança. Têm também maior probabilidade de poder ver seus netos e bisnetos!

Não sabemos quantas flechas enchiam uma "aljava". A decisão sobre quantos filhos ter parece ser mais uma daquelas encruzilhadas em que a soberania de Deus e a responsabilidade humana se encontram. Os pais precisam avaliar cuidadosamente se estão sendo dirigidos por uma perspectiva cultural e egoísta ou por uma perspectiva bíblica sobre filhos.

6. Conforme Salmo 127:5, qual a vantagem de ter uma "aljava" cheia de filhos? Em que sentido podem os filhos pleitear hoje contra os inimigos dos pais?

Os filhos servem como defesa do caráter e testemunhas vivas da vida piedosa dos pais. Atestam a integridade deles. Se nossos filhos comprovam nosso caráter sólido, se em casa somos o que realmente mostramos ser, não importa o que os outros dizem sobre nós. Além disso, os filhos representam a melhor defesa contra os males da velhice — solidão, pobreza, depressão — e devem ser nossa maior alegria (3Jo 4).

É interessante notar que, no Novo Testamento, uma das principais qualificações de um líder espiritual é o "pastoreio" dos filhos (Tt 1:6; 1Tm 3:4,5). Pela graça de Deus, o sacerdócio do lar autentica um ministério mais abrangente.

Resumo

À luz desta lição, desenvolvemos uma perspectiva bíblica e equilibrada sobre filhos no plano de Deus:

- Os filhos faziam parte do plano missionário de Deus desde o princípio e continuam sendo um meio pelo qual os pais alcançam o mundo para Jesus.
- Os filhos nascem como pecadores, com o coração voltado para o mal, o que dificulta a tarefa dos pais, fazendo com que estes dependam exclusivamente de Deus.
- Mesmo depois da queda, os filhos são uma evidência da bênção divina sobre um casal, um presente da sua graça.
- Os filhos defendem e autenticam o caráter dos pais e cuidam destes na sua velhice.
- Há benefícios especiais para pais que geram filhos enquanto ainda jovens.

INSPECIONANDO A CONSTRUÇÃO

Leia o artigo "Flechas para o alvo" (p. 32).

(?) Reflita sobre esta pergunta: Até que ponto sua perspectiva sobre filhos tem sido influenciada pelo mundo, e não pela Palavra de Deus? Esteja pronto para compartilhar seus pensamentos na próxima aula.

ACABAMENTO

(?) Você consegue achar algum texto na Bíblia em que os filhos são considerados uma "maldição"? Consegue se lembrar de textos em que mães e pais ansiavam muito para ter um filho? Pense em Abraão e Sara, em Raquel, em Ana e em outros personagens bíblicos.

_____
_____
_____

Quais as implicações dessa perspectiva bíblica sobre filhos para:

- Adoção?
_____
_____

- Planejamento familiar?
_____
_____

- Carreira *versus* paternidade?
_____
_____

FLECHAS PARA O ALVO

Nestes tempos em que tantas crianças são abortadas, abandonadas e entregues à paternidade ilegítima, é preciso que mantenhamos uma visão renovada dos privilégios e das responsabilidades envolvidos na criação de filhos. É interessante que a Bíblia é concorde quanto ao valor que a criança tem aos olhos de Deus. O texto que mais destaca o valor dos filhos é o Salmo 127.

1. **Filhos são herança** — *Os filhos são herança do* SENHOR... (Sl 127:3a). Na Bíblia, o termo "herança" sugere segurança, força e permanência. Assim, os filhos conservam o nome da família e garantem a continuação dos valores que lhe são preciosos. O mistério da concepção pode ser examinado, dissecado e, até certo ponto, manipulado pelo homem, mas a criança vem do Senhor. Deus é o autor da vida e é Ele quem dá à família ou dela retém a bênção dos filhos.

2. **Filhos são recompensa** — Salmo 127:3 diz também que o filho — fruto do ventre — é uma "recompensa" do Senhor. As vidas preciosas concedidas a um casal, como fruto de seu amor, são tesouros muito mais valiosos que as posses materiais. Hoje, quando tantos buscam estas últimas e se desesperam diante do custo que decorre da manutenção de uma família, fazemos bem em lembrar que Deus vê os nossos filhos como tesouro incalculável.

3. **Filhos são flechas** — *Como flechas na mão de um guerreiro, assim são os filhos da mocidade* (Sl 127:4). A flecha era o principal meio de defesa nos tempos antigos. E, como as flechas, filhos representam uma forma de proteção para os pais — uma defesa contra a solidão, um auxílio na enfermidade, um socorro presente na velhice.

Como flechas, os filhos precisam ser direcionados. Pressupõe-se que a família esteja deixando Deus edificar a casa — que Ele seja o construtor do lar e que Ele dê os filhos para serem atirados ao alvo certo. Flechas sem rumo com frequência voltam, ferindo o coração dos próprios pais.

4. **Filhos são uma bênção** — Uma palavra-chave descreve o homem (ou mulher) que tem filhos: bem-aventurado, feliz! *Bem-aventurado o homem que com eles enche sua aljava...* (Sl 127:5).

O termo descreve o benefício que os filhos trazem ao lar. Cada filho é, para os pais, nova fonte de vida, de alegria, de proteção e de santo orgulho. Cada filho é uma nova representação da imagem de Deus na terra, uma imagem que deve ser protegida e criada com todo o cuidado.

Apesar de ser difícil criar filhos em nossa sociedade, Deus quer que eles sejam bênçãos na vida de seus pais e "no mundo afora". A tendência que muitos têm hoje de ver os filhos como "inconvenientes", "acidentes biológicos" ou "ameaças ao contentamento pessoal" deve ser vigorosamente combatida por um exército de pais dedicados e realizados.

A pessoa que edifica seu lar na dependência do Senhor e, em vez de dedicar a vida à busca de tesouros materiais, cria vidas preciosas, essa, sim, é verdadeiramente abençoada em tudo que realizar. Provérbios 29:17 sugere que esses filhos darão aos pais uma vida de paz ("descanso") e delícias (palavra usada para um banquete da realeza): *Corrige teu filho, e ele te dará descanso, sim, ele agradará teu coração*. Que esperança! Que privilégio!

O apóstolo João transmite a mesma ideia em outro contexto, quando fala dos seus filhos espirituais: *Não tenho maior alegria do que esta: ouvir que os meus filhos andam na verdade* (3Jo 4). Este é o desejo de todo pai cristão.

Filhos são nossas flechas, e o arco muitas vezes não sabe exatamente como direcioná-las. Tudo bem, porque Aquele que nos entregou essas flechas para que nós as direcionássemos também está mostrando como elas precisam ser atiradas por nós. Que o inimigo se cuide! As flechas divinas estarão mirando o coração deste mundo!

LIÇÃO 2

No limite: evitando os extremos da paternidade

> Princípio de construção
>
> *O pai cristão centraliza sua paternidade numa perspectiva equilibrada sobre filhos e num relacionamento sadio entre marido e esposa.*

■ Objetivos do estudo

Como resultado deste estudo, os membros do grupo devem ser capazes de:

- Identificar as influências culturais que levam a uma perspectiva distorcida sobre filhos.
- Analisar suas atitudes negativas, como murmuração e comentários inconvenientes sobre seus filhos, buscando recursos que possam reparar os resultados dessas atitudes.
- Avaliar se o relacionamento pais—filhos tem feito com que o relacionamento marido—esposa não ocupe o centro da família. Tomar providências para corrigir possíveis erros nesse aspecto.

Sugestões didáticas:

1. Se o grupo ainda não desenvolveu o hábito de orar uns pelos outros, é hora de compartilhar pedidos de oração para preencher o caderno de oração, sugerido no final do livro.

2. Alguns aspectos deste estudo podem ser polêmicos, por tocar em práticas comuns nos dias atuais. Entretanto, talvez eles reflitam extremos não saudáveis na paternidade (negligência ou superproteção dos filhos). Cuidado para não julgar determinados hábitos. Desafie os casais a avaliarem suas atitudes sobre a paternidade. Procure não se deter nessas questões paralelas, desfocando assim a ênfase do texto bíblico e desta lição.

TERRAPLENAGEM

Recordações da infância

- **MATERIAL NECESSÁRIO**: canetas; folhas de papel em branco.
- **PROCEDIMENTO**: Distribua folhas de papel e canetas entre os participantes. Cada um deve entrevistar alguém à sua escolha, dentro do grupo, e colher dados sobre a sua infância:

  - A brincadeira preferida;
  - o maior susto;
  - um aniversário inesquecível;
  - o primeiro dia na escola;
  - uma "aprontação";
  - uma boa ação.

Os participantes devem entrevistar alguém a quem não conhecem muito bem. O nome do entrevistado não deve ser escrito na folha. Terminado o tempo de entrevistas, reúna as folhas e leia, uma por uma, diante do grupo, que deverá identificar a pessoa a quem a folha descreve.

FIRMANDO ALICERCES

(?) Compartilhe seus pensamentos sobre a leitura do artigo "Flechas para o alvo" (p. 32). Você concorda ou discorda do ponto de vista ali apresentado?

_____
_____
_____
_____

(?) Compartilhe sua resposta à pergunta: Até que ponto sua perspectiva sobre filhos tem sido influenciada pelo mundo, e não pela Palavra de Deus?

_____
_____
_____
_____

ERGUENDO PAREDES

Na nossa sociedade, o relacionamento com os filhos reflete o cenário "amor-ódio". O poeta brasileiro dizia: "Filhos, melhor não tê-los...". E assim afirma um ditado americano: "Crianças devem ser vistas, e não ouvidas".

Apesar de comemorações nacionais como o "Dia da Criança", a sociedade tem denotado atitudes cada vez mais hostis quanto à criação de filhos: filhos interrompem, muitas vezes, carreiras promissoras; põem em desordem o orçamento familiar; alteram radicalmente nosso estilo de vida; e, depois de dar tanto trabalho, nem sempre saem do jeito que esperamos.

Ao mesmo tempo que alguns encaram crianças como uma inconveniência ou, pior, como praga, outros na nossa cultura tendem a ir para o outro extremo, que pode ser chamado de "filholatria" — Quem manda em casa é o Júnior! Ai dos pais que tentam contrariar esse pequeno "mandachuva"!

Esse quadro reflete uma situação ambígua: desejamos ter filhos, pois eles são uma extensão de nós mesmos; ao mesmo tempo, sentimos as dificuldades de criá-los e prepará-los para a vida. Nesta lição, analisaremos a perspectiva cultural desequilibrada sobre filhos e procuraremos uma resposta bíblica que nos leve ao autocontrole que precisamos ter como pais.

A perspectiva cultural sobre filhos

Nas últimas décadas, a perspectiva cultural sobre filhos tem sofrido mudanças radicais. Percebemos isso de muitas maneiras. Dois extremos, porém, parecem prevalecer atualmente: o menosprezo pelos filhos e a "filholatria".

Menosprezo pelos filhos

1. Que evidências há de que alguns em nossa cultura desprezam, ou pelo menos desvalorizam, a criação de filhos? Você consegue se lembrar de exemplos de pais que tenham negligenciado os filhos?

_____
_____
_____
_____

Há evidência de que, muitas vezes, atitudes tomadas pelos pais são prejudiciais aos filhos: o alto índice de aborto; o planejamento familiar que adia a paternidade ou impede a geração de filhos; o aumento significativo de creches e programas infantis que mantêm os filhos longe dos pais; os maus-tratos a crianças; a pedofilia; a diminuição do tamanho da família pós-moderna; a negligência de filhos; a criação dos filhos delegada a outros, que não os pais — à babá ou às avós.

2. Por que às vezes os filhos são tratados como "pragas", e não como "presentes de Deus"? O que fica por trás dessa atitude?

Uma das atitudes comuns que levam ao menosprezo de filhos é o egoísmo. Muitas vezes, os pais estão mais interessados no próprio bem-estar, prazer, divertimento, na própria carreira etc. do que na criação de filhos. A cobiça e a avareza são pecados relacionados ao egoísmo e também influenciam decisões quanto à paternidade.

Na criação de filhos, é muito comum perder de vista o padrão bíblico de santidade e paz no lar. É possível que, de tempos em tempos, nos tornemos insensíveis ao padrão divino e passemos a experimentar o "estresse" no lar. Nessas horas, precisamos clamar a Deus por sabedoria, a fim de que possamos resgatar seu padrão de santidade e experimentar a paz em nosso lar.

3. Aplicação: **Leia 1Tessalonicenses 5:18 e Filipenses 2:14.**
Como os pais podem cair no erro da ingratidão e da murmuração contra os próprios filhos? Será pecado tecer comentários inconvenientes sobre seu filho?

Em vez de "dar graças por tudo", muitos pais murmuram e passam a fazer comentários nocivos contra os filhos, como se a tarefa de ser pai ou mãe fosse o pior que poderia acontecer na vida deles. É pecado, sim, manter uma atitude contrária ao que a Bíblia ensina sobre os filhos. Como pais, somos responsáveis diante de Deus pelo ambiente que impera em nosso lar. Temos de clamar a Jesus pela graça de transformar situações difíceis em oportunidades para a operação da graça divina.

Se você tem caído na tentação de murmurar contra seu filho ou difamá-lo, esquecendo-se da perspectiva bíblica sobre a paternidade em meio a tantas lutas, arrependa-se, confessando seu pecado.

Clame a Deus pelo refrigério do espírito e do corpo e busque resgatar a perspectiva bíblica. Leia Provérbios 29:17 e peça a Deus a graça de ter filhos que lhe deem descanso (paz) e delícias (prazer) hoje e no futuro.

"Filholatria"

4. Quais as evidências de que alguns em nossa cultura supervalorizam ou endeusam os filhos? Pense em termos de propagandas, feriados, falta de disciplina e outros exemplos de "filholatria".

_____

_____

_____

Hoje, vemos pais denotando medo de contrariar ou disciplinar seus filhos. Permitem que o filho seja o centro das atenções, tomando precedência sobre o relacionamento marido—esposa. Há abundância de propagandas voltadas para o consumismo jovem. Vários dias de festa e feriados, como o Dia da Criança, *Halloween* e o Natal, possibilitam aos filhos tomar o primeiro lugar no dia a dia dos pais.

O mundo secular já reconheceu que enfrenta a tendência perigosa à "filholatria". A revista *Veja*, em uma edição especial sobre o tema "Sua criança", publicou um artigo intitulado "Fuja do filhocentrismo". O texto revela que os pais são incapazes de estabelecer limites, dizer "não" aos filhos, ter uma vida "própria".[1] A revista *Seleções* também ofereceu uma peça intitulada "Romance com filhos é possível? Torná-los o centro de sua vida pode lhe custar caro".[2] Os dois artigos apresentam a forte tendência que vemos em nossos dias de tornar os filhos o centro do universo familiar.

---

[1] RIBEIRO, Edgar Flexa. *Fuja do filhocentrismo*. Veja, Edição especial, 13 de maio de 1998, p. 67.
[2] SILLIS, Judith. "Romance com filhos é possível?", *Seleções*, outubro de 2002, p. 86-89.

Em seu curso sobre paternidade *Educação de filhos à maneira de Deus*, os autores Gary e Anne Marie Ezzo sugerem que o "filhocentrismo" debilita o relacionamento marido—esposa, fazendo com que o "eixo" da família sejam os filhos, em lugar de ser o relacionamento conjugal.[3] Os filhos assim criados acabam minando o alicerce da família. Os filhos devem ser considerados membros bem-vindos ao círculo familiar, e não o centro da atenção da família. O casal precisa cultivar seu relacionamento como "melhores amigos" (Pv 2:17; Ml 2:14), o que servirá como base de segurança e confiança para os filhos.

Veja a sugestão de dramatização que se segue e que ilustra o plano ideal de Deus para os filhos na família, bem como os erros que muitos pais cometem.

Dramatização

Escolha dentro do grupo um casal de "voluntários" que sejam casados. Peça que deem as duas mãos, um olhando para o outro. Explique que estão representando um casal recém-casado que, com o passar do tempo, encomenda seu primeiro bebê. Chame outra pessoa do grupo para ser o "filho" desse casal (será mais divertido se for uma pessoa MUITO diferente dos "pais"). O "Júnior" deve ficar no meio da "roda" formada pelos "pais". Gire o casal ao redor do "Júnior", explicando que é isso o que se dá em famílias em que o filho é o centro do universo do lar.

Agora chame uma mulher do grupo, que será a "irmã mais nova" do "Júnior". Ela também deve ficar no meio da "roda" familiar, junto com "Júnior", afastando ainda mais os "pais" um do outro, que agora já não conseguem ficar de mãos dadas. Os "pais" devem dar um passo para trás, abrindo um espaço maior entre eles. Veem-se agora dois centros da família, derivando para a rivalidade entre irmãos (os dois "filhos" podem fingir uma briga) e outros conflitos familiares.

---

[3] EZZO, Gary e Anne Marie. *Educação de filhos à maneira de Deus*. 5. ed. São Paulo: Pompeia, 2002, p. 35-38.

Poucas famílias com essa experiência escolheriam ter mais filhos, pois já não aguentam os problemas desencadeados no lar. Quando chega a hora de o "Júnior" sair de casa para trabalhar (mande-o embora), e sua irmã sair para a faculdade (também deve sair), os dois filhos deixam uma brecha enorme entre os pais — a síndrome do ninho vazio. (Explique que esse vazio é o resultado de os filhos, e não o marido e a esposa, serem o centro da família.)

Depois dessa dramatização, comece o processo de novo, só que dessa vez, quando o "Júnior" chega, deve entrar como membro bem-vindo ao CÍRCULO familiar, segurando uma das mãos da "mãe" e uma das mãos do "pai", fechando um círculo. Quando sua "irmã" chega, ela também entra no círculo, mas não entre a mamãe e o papai. (Assim, a família sempre terá espaço para mais um filho, se Deus assim dirigir.) Depois, quando "Júnior" sai para trabalhar e sua "irmã" sai para a faculdade, eles deixam pais que continuam juntos, mãos unidas, sendo ainda melhores amigos. Essa é uma representação do modelo bíblico para a centralidade do relacionamento marido—esposa na criação de filhos.

5. Leia Gênesis 2:24. O texto ensina que o casal casado precisa:

- Deixar terceiros (pai e mãe; i.e., ter exclusividade como casal);
- juntar-se um ao outro (i.e., viver em fidelidade);
- experimentar o relacionamento de "uma só carne" (i.e., viver em intimidade).

A exclusividade e a integridade do casal como imagem de Deus (Gn 1:27) tomam precedência sobre todos os outros relacionamentos, inclusive sobre a paternidade!

Quais são alguns dos "terceiros" que podem ocupar o lugar reservado para o marido e a esposa?

_____
_____
_____
_____

Qualquer pessoa, atividade ou ocupação que afaste o casal um do outro constitui uma ameaça à exclusividade, à fidelidade e à intimidade do relacionamento conjugal. Alguns desses terceiros podem ser: sogro e sogra; televisão; esportes; amigas ou amigos; algum *hobby*; computador ou internet; filhos; carreira; ministérios, etc.

6. Em sua opinião, quais as evidências de que os filhos, e não o casal, ocupam o centro da atenção no lar?

_____
_____
_____
_____

Normalmente, não é difícil identificar famílias em que os filhos são o centro de tudo. Essas crianças mandam nos pais; nunca são contrariadas ou disciplinadas; dormem com (entre) os pais; jamais são deixadas com terceiros ou em um berçário; competem com os irmãos na busca da atenção dos pais (rivalidade entre irmãos); jogam um pai contra o outro; um cônjuge contraria o outro, mas não contraria o filho; o filho, e não o cônjuge, é companheiro para passeios ou viagens; os filhos deixam um vazio grande demais no coração dos pais quando vão embora (síndrome do ninho vazio); e muitos outros resultados negativos.

7. Aplicação: Como um casal pode manter o relacionamento a dois, e não o relacionamento pai—filho, como centro do lar? Como os pais podem mostrar aos filhos que o relacionamento entre eles — relacionamento marido—esposa — é prioritário, sem cair em outro erro: o de menosprezar ou negligenciar os filhos? (Pense em termos de amizade conjugal, disciplina dos filhos, hábitos de "filhocentrismo" etc.)

_____
_____
_____

Os pais precisam cultivar sua amizade juntos, reservando um tempo diário para conversar sem interrupção, para se manter "em dia"; talvez saindo só os dois, mantendo uma frente unida na disciplina dos filhos, não discutindo na frente deles, fazendo com que os filhos durmam no próprio quarto, disciplinando os filhos quando necessário, deixando-os no berçário ou com terceiros quando for preciso, participando, sem os filhos, de retiros ou eventos para casais.

INSPECIONANDO A CONSTRUÇÃO

Leia o artigo "A matemática da paz familiar" (p. 45).

[?] Que tal tirar uma noite esta semana para ter um tempo a sós como casal, longe dos seus filhos? Aproveitem para conversar e orar juntos sobre seus papéis como pais. Avaliem o equilíbrio da sua paternidade. Vocês têm caído em um dos extremos — o menosprezo dos filhos ou a "filholatria"?

ACABAMENTO

Gênesis 2:24 nos ensina sobre a importância de uma "frente unida" na família — exclusividade, fidelidade e intimidade no relacionamento conjugal.

[?] Para refletir: Como os filhos tentam explorar qualquer "brecha" no relacionamento marido—esposa? Como os pais podem manter uma "frente unida"?

A MATEMÁTICA DA PAZ FAMILIAR

Quem tem mais de um filho já percebeu que nenhum filho é igual ao outro. Cada criança tem o próprio gênio, a própria personalidade e o "jeitão" individual. Infelizmente, todos têm uma coisa em comum: a natureza egoísta e pecaminosa que vem como herança de nós, os pais! A natureza humana almeja ser o centro do universo.

Esse fato gera conflitos no lar. Pais que deixam que os filhos ocupem o centro da família (o "filhocentrismo", já mencionado) tornam-se cúmplices em reforçar essa natureza pecaminosa e egoísta.

Os pais que também são egoístas entram em conflito inevitável com os filhos egoístas, que nascem chorando: "Eu quero!", "Sou o primeiro!", "É meu!"

As aulas de matemática que recebemos quando estudantes nos ajudam a entender os conflitos que, às vezes, surgem em nosso lar. Conforme os matemáticos, o número de conflitos que podem surgir em uma família de quatro pessoas — a permutação de quatro — gera 24 diferentes combinações de "um contra o outro" ou "todos contra um": 4x3x2x1! Acrescente mais uma pessoa, e o total passa a ser 120!

Em nossa família, éramos oito pessoas — seis filhos, mais os pais. Levando em consideração a permutação de oito (8x7x6x5x4x3x2x1), significava não menos de 40:320 combinações diferentes de possíveis conflitos! Confesso que, algumas vezes, sentimos como se quase tivéssemos esgotado todas elas!

Como encontrar paz na família? Como manter uma perspectiva equilibrada sobre nossos filhos? Como evitar que o *iceberg* de conflitos e caos (às vezes até submerso sob o mar do ativismo durante o ano letivo, mas muito evidente nas férias) faça naufragar o bem-estar familiar? Gostaríamos de analisar três das principais causas de conflito na família, sugerindo maneiras bíblicas e práticas pelas quais podemos manter equilíbrio e paz em casa.

1. A natureza humana — A primeira causa de conflito no lar é a natureza humana pecaminosa. Nossos filhos nascem como nós — pecadores egoístas. Querem o que querem quando querem. Que bela herança dos pais! *A tolice está ligada ao coração da criança...* (Pv 22:15). Não é de surpreender que algumas pessoas mostrem admiração — "Que coragem!" — quando um casal comunica que está esperando um bebê. Nos dias em que vivemos, acrescentar mais um pecador à equação familiar certamente resultará em mais conflitos. E quando há mais de um filho, cuidado!

A rivalidade entre irmãos começou na primeira família, entre Caim e Abel. O pecado de ciúmes e egoísmo levou Caim, o mais velho, a matar o próprio irmão, Abel (Gn 4:8).

Se Jesus não transformar o coração dos filhos e dos pais, a tolice e os conflitos dominarão nosso lar. Por isso, nossa primeira tarefa como pais é espelhar para os filhos a tolice que trouxeram no coração quando nasceram e levá-los até a cruz, mostrando-lhes o perdão de Cristo.

Sugestão: Ficamos admirados com o número de pais cristãos que se preocupam em dar o melhor de todas as coisas para seus filhos, mas que negligenciam o cultivo da fé verdadeira no coração deles. COMO PAIS, NOSSA PRIMEIRA PREOCUPAÇÃO DEVE SER A SALVAÇÃO E O DISCIPULADO DOS NOSSOS FILHOS. Para isso, precisamos focalizar nossa atenção e nossos interesses em questões do coração, e não somente do comportamento.

Que tal aproveitar esta oportunidade para reiniciar a velha, mas ainda essencial, prática do "culto doméstico"? Não para ler 17 capítulos de Levítico na hora de dormir! Mas, sim, para investir cinco a dez minutos em uma discussão dinâmica que toque em questões do coração e das lutas que os filhos enfrentam. Há muito material devocional no mercado, mas talvez vocês queiram começar lendo alguns versículos de Provérbios 10—31 juntos, cada dia. A fé em Cristo é o ponto de partida para a paz na família.

2. **"Filholatria"** — Quando tudo no lar gira em torno do relacionamento pai—filho, e não do relacionamento marido—esposa, há grande perigo do mal que alguns chamam de "filhocentrismo"

ou "filholatria". Quando o pequeno pecador é constantemente mimado, ele se torna sábio aos próprios olhos (Pv 3:7), independentemente da família, e passa a ser uma ameaça ao relacionamento entre os pais. Ai da família filhocêntrica que tem mais de um filho ocupando o centro do sistema familiar!

O "filhocentrismo" caracterizou a família de Abraão. No início, o único herdeiro era Ismael, filho de Hagar. Quando, porém, Isaque entrou em cena... de repente, dois centros se criaram no núcleo familiar. E o que aconteceu? Tristeza, separação, mágoas, ódio e guerra entre os descendentes, guerra que continua até os dias atuais, entre árabes e judeus. Rivalidade entre irmãos é uma questão séria, com incalculáveis consequências!

Sugestão: Para lidar com a rivalidade entre irmãos causada pelo "filhocentrismo", oferecemos algumas sugestões.[4]

Primeiro, o casal precisa resgatar a centralidade do relacionamento marido—esposa. Precisa avaliar hábitos que parecem inocentes, mas que, às vezes, refletem tendências filhocêntricas: filhos que sempre dormem com os pais, ou no mesmo horário que eles; filhos que nunca podem ser deixados ou com parentes e amigos, enquanto os pais curtem tempo a sós, ou um retiro de casais; pais que acabam tomando todas as decisões com base no "palpite" do "Júnior", por medo de contrariar a criança.

Para fortalecer a amizade conjugal, os autores Gary e Anne Marie Ezzo recomendam um "tempo de sofá". Trata-se de um período diário de 10 a 15 minutos reservado exclusivamente para o marido e a mulher, quando os dois buscam cultivar seu relacionamento como melhores amigos, sem a interferência dos filhos. O ideal é que esse tempo aconteça logo depois que ambos, pai e mãe, se encontram em casa e que os filhos estejam acordados e cientes de que "mamãe e papai estão curtindo seu tempo juntos".

---

[4]Ideias extraídas ou adaptadas do currículo *Educação de filhos à maneira de Deus*, de autoria de Gary e Anne Marie Ezzo.

Seria difícil calcular o benefício que esse tempo simples e diário tem promovido em nossa família. Além de fortalecer nossa amizade e nos manter atualizados como casal, a prática tem gerado muita segurança em nossos filhos, pois eles sabem que mamãe e papai estão bem, sempre na mesma página, como uma frente unida em questões familiares.

3. **Falta de disciplina** — O último fator gerador de conflitos no lar são os pais negligentes na disciplina de seus filhos. Provérbios 29:15 adverte: ... *a criança entregue a si mesma envergonha sua mãe*. Os pais que se recusam a disciplinar seus filhos biblicamente podem esperar MUITO conflito em casa — alguns, literalmente, de unhas e dentes! Na ausência de limites claros e reforçados, cada criança não somente será dona do próprio nariz, mas também do nariz de seu irmãozinho.

Davi, o grande rei de Israel, embora tenha sido um ótimo governante, não soube dirigir muito bem o seu lar. Quando seu filho Amnom violentou sua meia-irmã, Tamar, Davi ficou enfurecido, mas não fez nada. Sua negligência entregou a vara da disciplina nas mãos de seu outro filho, Absalão. Infelizmente, a vara virou espada quando Absalão matou Amnom (2Sm 13:21,29). Pais que não disciplinam os filhos criam condições para que eles exijam justiça por si mesmos e "a sangue frio".

Sugestão: Na defesa da "criatividade" e "liberdade" da criança, alguns pais deixam de estabelecer padrões de respeito, boa educação, bondade e gentileza entre seus filhos. Com isso, acabam colhendo, como frutos, atitudes ásperas, intrigas, "entreguismos" e outros dissabores. Os pais precisam manter ordem e disciplina em seu lar, especialmente no relacionamento entre irmãos. Não há lugar para a agressão verbal e para a agressão física na família.

Em termos de rivalidade e brigas entre irmãos, é preciso adotar uma política de "tolerância zero". Palavras ásperas precisam ser proibidas de vez, disciplinadas rápida e consistentemente para não dar margem a conflitos. Uma das técnicas que têm funcionado para alguns pais com filhos mais velhos é uma multa cobrada por palavras inadequadas, duras, negativas ou cortantes entre irmãos.

Conclusão

Se existia um segredo para a paz em nossa casa, apesar de termos diante de nós a possibilidade de mais de 40.000 combinações de intrigas diferentes, era devido a outra "fórmula" matemática. Quando adotamos como lema "Cada um para o outro, e todos para Deus", conseguimos reduzir a praticamente zero as possibilidades de rivalidade e conflitos. Isso porque a vida de Cristo, sendo vivida em nós (Gl 2:20), deve ser o alvo de cada membro da família.

Em Filipenses 2:2-4, o apóstolo Paulo descreve essa vida e a matemática divina para a paz nos relacionamentos:

> ... completai a minha alegria, para que tenhais o mesmo modo de pensar, o mesmo amor, o mesmo ânimo, pensando a mesma coisa.
>
> Não façais nada por rivalidade nem por orgulho, mas com humildade, e assim cada um considere os outros superiores a si mesmo.
>
> Cada um não se preocupe somente com o que é seu, mas também com o que é dos outros.

Esta é a matemática capaz de produzir paz no lar: "Cada um para o outro, e todos para Deus!"

LIÇÃO 3

Pais pastores

> Princípio de construção
> *Deus chama os pais para serem os pastores do lar.*

■ Objetivos do estudo

Como resultado deste estudo, os membros do grupo devem ser capazes de:

- Identificar os paralelos entre o pastoreio da família e o cuidado da igreja, a família de Deus.
- Reconhecer a grande responsabilidade que, como pais, têm de pastorear os próprios filhos.
- Ser motivados a investir a vida na educação espiritual de seus filhos.

Sugestões didáticas:

Esta lição serve como introdução geral para as Partes II (Discipulado) e III (Disciplina) deste caderno.

Tenha em mente a realidade da graça capacitadora de Deus enquanto estuda a lição. As responsabilidades de um pai cristão são enormes e podem levar ao desânimo se ele perder esse foco. Eleve os olhos para um Deus misericordioso, que deseja vê-lo bem-sucedido na paternidade e supre o poder e a sabedoria de que tanto precisamos como pais.

No próximo encontro, o grupo deve trazer uma foto que reflita o ditado "Tal pai, tal filho". A foto pode ser de "pai e filho" ou "pai e filha"; "mãe e filha" ou "mãe e filho" (de modo que formem pares). Se alguém não tem filho, pode trazer uma foto sua e uma do seu pai ou da sua mãe. O objetivo é descobrir que pais são mais parecidos com seus filhos.

TERRAPLENAGEM

Metade certa

- MATERIAL NECESSÁRIO: Figuras cortadas ao meio (podem ser páginas de revista).
- PROCEDIMENTO: Distribua entre os participantes figuras partidas ao meio e peça-lhes para encontrarem a pessoa que está com a outra metade da sua figura. Procure selecionar figuras cuja identificação não seja fácil demais, de modo que o grupo faça algum esforço para realizar a atividade. Identificadas as duplas, reúna os participantes em círculo.

FIRMANDO ALICERCES

Identificadas as duplas, cada uma deve juntar-se a outra dupla para juntas orarem pela aula e por qualquer outra necessidade pessoal.

> (?) Vocês conseguiram passar um tempo a sós como casal? O que fizeram? Como foi a experiência? Qual a reação dos seus filhos?

ERGUENDO PAREDES

Certa vez, um pastor puritano declarou: "Uma família cristã [...] é uma igreja [...] uma sociedade de cristãos juntando-se para a melhor adoração e o melhor serviço a Deus. As famílias em que o serviço a Deus é prestado são como pequenas igrejas; sim, um tipo de paraíso sobre a terra".[1] Vamos perguntar a nós mesmos: nossa família é um "paraíso sobre a terra"?

É evidente que a família nunca será perfeita, porque é composta de pessoas imperfeitas, pecadoras, que carecem da glória de Deus (Rm 3:23). Por isso mesmo, estamos muito longe de alcançar o ideal bíblico refletido em Provérbios 29:17: *Corrige teu filho, e ele te dará descanso, sim, ele agradará teu coração.* Se não temos visto o cumprimento desse princípio em nosso lar, será que estamos fazendo algo errado?

Infelizmente, parece que muitos de nós, pais, andamos desnorteados em nossas responsabilidades paternas. Perdemos o bom senso recomendado na Bíblia, que direcionava os pais de algumas gerações atrás. Por sinal, eles tinham muito mais filhos que nós e, mesmo assim, conseguiam que a paz reinasse em seu lar. De nossa parte, somos assolados por tantas vozes que se autodenominam "autoridades" na criação de filhos que ficamos perdidos. Quem tem razão? Como educar nossos filhos? Quais as responsabilidades principais dos pais? Como combater uma cultura amoral ou, pior, imoral, que tenta fazer a cabeça dos nossos filhos?

Nesta lição, estudaremos três paralelos fascinantes entre o pastoreio da igreja — família de Deus — e o papel dos pais na liderança espiritual da família. Podemos chamar isso de "o sacerdócio do pai" ou talvez "o pastoreio dos pais". Todo pai é um "pastor" do rebanho que Deus lhe concedeu. Toda mãe tem a responsabilidade de cuidar da alma daqueles pequeninos que Deus colocou em seu aprisco. Se os pais não assumirem essa responsabilidade, não podemos esperar que a escola, a igreja ou a sociedade tomem seu lugar.

---

[1] BAXTER, Richard. Citado por Leland Ryken em *Santos no mundo: os puritanos como realmente eram*. São Paulo: Editora Fiel, p. 98-99.

1. **Leia 1Timóteo 3:4,5**, que alista as qualificações de um pastor-presbítero. Por que o líder da família de Deus precisa governar bem a própria casa?

   _____
   _____
   _____
   _____

   Escolhidos para liderar o rebanho de Deus, os pais adquirem a experiência, a autoridade e a credibilidade no pastoreio do pequeno rebanho que o Senhor lhes entregou: sua família. Muitas das tarefas dos pais na educação dos filhos encontram paralelos no papel do pastor da igreja, a família de Deus.

   Leia esta declaração sobre a responsabilidade espiritual dos pais de família:

   > "Famílias não se tornam automaticamente entidades espirituais. Alguém tem de orquestrar as atividades nela desenvolvidas. No pensamento puritano, o pai era essa pessoa. A *Bíblia de Genebra* afirma que "os mestres de suas casas devem ser como pregadores em suas famílias, para que, do maior ao menor, obedeçam à vontade de Deus".[2]

2. Você concorda ou discorda da declaração acima? O que fazer quando o pai não assume essa responsabilidade — por ser descrente, desobediente ou desinteressado? A mãe pode ser "pastora" de seus filhos?

   _____
   _____
   _____

[2]RYKEN, Leland. *Santos no mundo*, p. 100-101.

Caso o pai não assuma a responsabilidade de assistência e preparo espiritual de seus filhos, a mãe deve fazê-lo. O ideal, porém, é que ela encoraje o marido (sem o criticar) a assumir a liderança espiritual da família.

São três as áreas em que os pais, como líderes espirituais, pastoreiam seu rebanho: intercessão, instrução e intervenção:

Intercessão

3. Leia Jó 1:1-5. No livro, Jó está no centro de um drama de cunho universal, em que o caráter de DEUS é questionado por Satanás. Satanás acusa Deus de ser como um político corrupto que compra os votos dos seus seguidores, que sem suas bênçãos não O adorariam. Deus aceita o desafio e permite que Satanás prove o caráter de Jó, testando assim o caráter do próprio Deus.

Como Jó é descrito no versículo 1?

_____
_____
_____
_____

Quais as evidências em Jó e sua família que demonstram seu caráter? (v. 4,5).

_____
_____
_____
_____

Jó era um verdadeiro "guerreiro de intercessão". Mesmo com filhos adultos (cada um tinha a própria casa), ele não deixava de orar individualmente por todos eles. *E era assim que Jó sempre procedia* — isto é, "continuamente", "todos os dias".

Em que sentido Jó era um "pai pastor"? O que ele fazia pelos filhos?

Jó intercedia pelos filhos, oferecendo sacrifícios por eles de madrugada. O versículo 5 relata o pensamento de Jó ao interceder pelos filhos: *Talvez meus filhos tenham pecado e blasfemado contra Deus NO CORAÇÃO*. É evidente que Jó não tinha conhecimento de pecados manifestos na vida de seus filhos. Supomos que, nesse caso, ele teria tratado individualmente de cada um deles. Como pai sacerdote, Jó preocupava-se não apenas com o comportamento exterior, mas, prioritariamente, com as atitudes de coração de seus filhos. Por isso, intercedia constantemente por eles.

4. Aplicação: Você tem intercedido constantemente por seus filhos? Quais as dificuldades que enfrenta na sua oração por eles?

Além de orar individualmente por seus filhos, pense também na possibilidade de participar de uma reunião de oração, com pelo menos mais uma pessoa, para interceder em favor deles. E não se esqueça de orar com seu cônjuge por eles!

Instrução (discipulado)

Assim como pais e pastores são chamados para uma vida dedicada à oração, eles também têm uma responsabilidade fundamental na instrução da Palavra de Deus às suas ovelhas (At 6:4).

5. Leia Deuteronômio 6:4-9. Quais as responsabilidades dos pais conforme esse texto? (Note a ênfase na segunda pessoa do singular — "tu, teu, tua" —, referindo-se aos pais.)

Os PAIS precisam amar a Deus com todo o seu ser; guardar as palavras de Deus no coração; transmitir essas palavras fielmente aos filhos, o dia todo e todo dia, de maneira espontânea e informal, de maneira planejada e formal, por meio de lembranças e símbolos constantes. Fica evidente que todo pai e toda mãe são pastores das almas confiadas a eles.

6. Por que tantos pais negligenciam desempenhar essa responsabilidade tão claramente colocada sobre seus ombros por Deus? Quais os obstáculos que enfrentam?

Hoje, há muitos fatores que militam contra a instrução bíblica da família. A falta de conhecimento e experiência dos pais; a vida frenética que faz com que pais e filhos passem pouco tempo juntos; a preguiça e a falta de disposição; a falta de modelos nas famílias de origem; o desinteresse dos filhos; às vezes, a diferença de idade entre os filhos; o cônjuge descrente; a competição com a TV, o computador, a internet, os *video games* etc. SE OS PAIS NÃO FOREM INTENCIONAIS E PROATIVOS NA BATALHA PELO CORAÇÃO DOS FILHOS, A GUERRA JÁ FOI PERDIDA!

Mais adiante, descobriremos como superar alguns desses obstáculos. Por enquanto, sugerimos que o grupo pare agora e clame a Deus por graça e misericórdia como "educadores espirituais" dos próprios filhos. Que o Senhor lhes dê criatividade, disciplina e sabedoria para instruir seus filhos no caminho em que devem andar (cf. Pv 22:6).

Uma sugestão: Se sua família ainda não mantém um tempo de instrução espiritual familiar, quando todos estão juntos, sugerimos que comecem a prática durante esta semana, usando para isso alguns livros de histórias bíblicas. Estes podem ser encontrados em livrarias cristãs. A simples leitura de alguns versículos no final de uma refeição também pode servir de estímulo ao estudo da família reunida (para crianças de 8 anos para cima, sugerimos trechos de Pv 10—31).

Intervenção (disciplina)

Como chama os pastores para buscar as ovelhas desgarradas e ensiná-las a não fugir do pasto, Deus chama os pais para disciplinar seu rebanho. Somente um péssimo pastor de ovelhas deixaria um dos seus cordeiros andar desgarrado, perdido. Por incrível que possa parecer, alguns pais acham que, deixando a escolha do "caminho em que deve andar" para o filho, estão lhe prestando um grande favor! No entanto, essa escolha deve ser simplesmente papel dos pais!

7. **Leia Efésios 6:4.** Que palavras do texto sugerem uma intervenção dos pais na formação da vida cristã dos filhos?

   _____
   _____
   _____
   _____

No texto, a expressão "disciplina e instrução" destaca claramente a intervenção bem-intencionada dos pais na vida do filho, estabelecendo limites claros e bem definidos, corrigindo-o quando ele se desvia do caminho.

8. **Leia os textos de Provérbios** dados a seguir, anotando o que Deus diz sobre os resultados da disciplina (ou falta de disciplina) na vida do pai e do filho. Os participantes podem se dividir em pequenos grupos para completar o quadro:

Texto	Resultados da intervenção disciplinar dos pais
Provérbios 13:24	O pai que não disciplina aborrece seu filho
Provérbios 22:15	
Provérbios 23:13,14	
Provérbios 29:15	
Provérbios 29:17	

Muito mais sobre a disciplina dos filhos será estudado na Parte III deste caderno. Por enquanto, basta aos pais reconhecerem a grande responsabilidade que têm como "sacerdotes do lar", na busca de restaurar ovelhas que andam errantes.

Conclusão

Os pais precisam reconhecer que não são os únicos envolvidos na educação e no pastoreio dos filhos. **Intercedemos** pelos filhos, pois reconhecemos que Deus é soberano, o único capaz de realmente transformar o coração de um filho. **Instruímos** os filhos, pois entendemos ser essa a nossa responsabilidade primordial em sua formação. **Intervimos** quando os filhos se desviam do caminho, como forma de apelar para eles mesmos, com todas as ferramentas ao nosso dispor, porque compreendemos que o próprio filho tem responsabilidade de escolha no processo. Os pais não têm TODA a responsabilidade, mas têm GRANDE responsabilidade como pastores das pequenas vidas que Deus lhes entregou.

INSPECIONANDO A CONSTRUÇÃO

Leia o artigo "Pais pastores" (p. 60).

Separe as fotos para a próxima lição conforme sugerido em "Sugestões didáticas", no início desta lição.

Faça uma avaliação de si mesmo como pai ou mãe. Em qual das três áreas principais de sua responsabilidade como pai ou mãe — intercessão, instrução, intervenção — você é mais forte? Em qual delas tem mais dificuldade de agir, tornando essa área a mais fraca em sua missão de pastorear o lar?

- Área mais forte: _____
- Área mais fraca: _____

Anote aqui um projeto pessoal para melhorar em sua área mais fraca no pastoreio de seus filhos:

_____
_____
_____
_____

ACABAMENTO

(?) Estude 1Coríntios 4:14-19, texto em que o apóstolo Paulo usa a analogia da paternidade para descrever seu relacionamento com seus "filhos espirituais" da igreja de Corinto. Que paralelos Paulo traça nesse texto entre o pai carnal e o pai espiritual? Que aplicações práticas podem ser encontradas nesses paralelos?

_____
_____
_____

"PAIS PASTORES"

Talvez uma das coisas que mais orgulham um pai ou uma mãe seja um filho procurar imitá-los. O pai pega martelo e prego, e o filho faz a mesma coisa. A mãe troca a fralda do bebê, e a filha faz o mesmo em sua boneca. De vez em quando, entretanto, pode ser que um filho nos constranja quando nos imita. Isso aconteceu com certa mãe, quando pediu que sua filha orasse antes de uma refeição, na presença de visitas. "Mas não sei o que orar", ela respondeu. Sua mãe lhe disse: "Diga o que você já ouviu mamãe falando para Papai do céu". Então a filha orou: "Ó meu Deus, por que eu convidei tanta gente para almoçar aqui em casa hoje?..."

Mesmo que às vezes eles nos façam passar por constrangimentos, como pais cristãos temos a responsabilidade de levar nossos filhos a se conformarem à imagem de Cristo Jesus (Rm 8:29). Assim como o apóstolo Paulo pôde declarar em 1Coríntios 11:1: *Sede meus imitadores, como também eu sou de Cristo*, os pais devem ser modelos para os filhos, buscando imitar o Senhor Jesus Cristo, para que eles sigam os caminhos do Senhor.

A responsabilidade de mostrar por meio do viver diário o modelo de Jesus perante os filhos não é entregue por Deus apenas a líderes espirituais como, por exemplo, os pastores. Esse dever é entregue também aos pais. Há muitos paralelos entre o que o pastor deve fazer na igreja e o que os pais devem fazer na família. Em 1Timóteo 3:4,5, quando alista as qualificações de um pastor-presbítero, Paulo enfatiza: *Deve governar bem a própria casa, mantendo os filhos em sujeição, com todo o respeito (pois, se alguém não sabe governar a própria casa, como cuidará da igreja de Deus?)*. Escolhidos para liderar seu lar, os pais ganham experiência, autoridade e credibilidade no pastoreio do pequeno rebanho que Deus lhes concede: sua família.

É interessante traçar os paralelos entre o papel do pastor e o papel dos pais. Há pelo menos três responsabilidades paralelas entre eles:

I. Intercessão (dependência)

De acordo com Atos 6:2,4, uma das primeiras grandes responsabilidades do líder espiritual é a oração. Neste sentido, Jó era um "pai pastor". O primeiro capítulo de Jó descreve esse patriarca como um homem íntegro e reto, temente a Deus e que se desviava do mal (1:1). A Bíblia destaca a maneira pela qual Jó demonstrava sua piedade: intercedendo por seus dez filhos. Jó ficava preocupado com o bem-estar espiritual deles, especialmente depois das festas e banquetes que realizavam. Lemos sobre ele: *Passado o período dos banquetes, Jó os chamava para os santificar. Levantava-se de madrugada e oferecia sacrifícios de acordo com o número de todos eles; pois Jó pensava: Talvez meus filhos tenham pecado e blasfemado contra Deus no coração. E era assim que Jó sempre procedia* (Jó 1:5).

Cada vez que leio esse texto, lembro-me do meu avô paterno. Uma das minhas primeiras memórias é ver o vovô ajoelhado ao lado do sofá, de madrugada, intercedendo por sua família. Isso marcou profundamente a minha vida e certamente explica uma das razões por que vários de seus netos são ativos na obra de Deus hoje.

Pais que oram intercedem para que seus filhos não sejam enredados pela armadilha do pecado. O pai intercessor ergue muros de proteção ao redor de seu filho, preocupando-se com seu bem-estar e seu relacionamento com o Senhor.

Como a vítima de aids precisa de proteção contra os ataques ao seu sistema imunológico, o pai precisa interceder por seus filhos para que consigam resistir ao pecado. Não creio que isso seja uma defesa "mística", muito menos uma "fórmula mágica", mas uma expressão de dependência paterna e clamor pela graça de Deus. Os pais (e avós!) que oram continuamente pelos filhos certamente também saberão o que fazer para protegê-los contra o pecado.

Como orar pelos filhos? Um esboço muito simples que pode servir como guia na oração por seus filhos é o que apresentamos a seguir. São os quatro "Cs" da oração familiar:

1. Orar pela **CONVERSÃO** dos filhos.
2. Orar pelo **CARÁTER** dos filhos, especificamente, para que eles desenvolvam o fruto do Espírito (Gl 5:22,23), com a compreensão da sua identidade como filhos de Deus em Cristo (Ef 1:15-23; 3:14-21).
3. Orar pela futura **CARREIRA** dos filhos, pedindo ao Senhor da seara que os use para expandir o seu reino no mundo, seja como pastores, missionários, educadores cristãos, seja em qualquer outra vocação "secular" (Lc 10:2).
4. Orar pelo **CASAMENTO** dos filhos, pedindo que Deus os direcione ao cônjuge com quem compartilharão seu chamado para o restante da vida.

"Pais pastores" intercedem pelos filhos e, assim como o pastor que se dedica à oração e ao ministério da Palavra, preocupam-se em orar pelos filhos e ensiná-los nos caminhos do Senhor.

II. Instrução (discipulado)

O pai e a mãe devem estar sempre ensinando seus filhos por meio de palavras, ações e atitudes. É impossível escapar do olhar dessas pequenas ovelhas, que admiram tanto seus "pastores". Estamos sempre transmitindo o que realmente somos para elas. Com o tempo, os filhos tornam-se o que os pais são. Por isso, o "pai pastor" tem de reconhecer que ele é também um "pai professor", sempre instruindo seus filhos e vacinando-os contra a doença de "amnésia espiritual".

Amnésia espiritual é a doença que aflige os filhos de crentes que não se esforçaram em transmitir sua fé à próxima geração. É a memória de Deus apagada da vida de um filho pela negligência dos pais. Depois do êxodo, essa doença atingiu uma geração inteira do povo de Israel: *Depois que toda aquela geração foi reunida a seus pais, surgiu outra geração que não conhecia o* SENHOR, *nem o que ele havia feito por Israel* (Jz 2:10). Isso porque os pais que haviam experimentado tantos milagres e a presença do Senhor não levaram a sério o conselho dado por Moisés em Deuteronômio 6:6-9: *E estas palavras, que hoje te ordeno, estarão no teu coração; e as ensinarás a teus filhos e delas falarás, sentado em casa e andando pelo caminho, ao deitar-te e ao levantar-te. Também as amarrarás como sinal na mão e como faixa na testa; e as escreverás nos batentes da tua casa e nas tuas portas.*

De acordo com esse texto, o "pai professor" aproveita todas as oportunidades para ensinar a seus filhos os valores e princípios bíblicos transmitidos pelo Supremo Pastor. Esse pai ensina a Palavra formal e informalmente, proposital e espontaneamente, em todo lugar e em qualquer lugar, em todo tempo e o tempo todo. Não é fanatismo fingido, mas um estilo de vida exemplificado, que avalia toda a vida por uma perspectiva bíblica. "O pai que ama a Deus de todo o coração transmite sua fé à outra geração!"

III. Intervenção (disciplina)

A última responsabilidade do "pai pastor" segue naturalmente as primeiras duas. Provérbios 22:6 diz: *Instrui a criança no caminho em que deve andar, e mesmo quando envelhecer não se desviará dele.* Junto com esse texto, Efésios 6:4 adverte os pais (o termo "pais" sugere uma responsabilidade principal masculina) de que não provoquem a ira de seus filhos, mas os criem na disciplina e instrução do Senhor. Como o pastor do rebanho vai atrás de ovelhas desgarradas e, às vezes, precisa disciplina-las para que evitem perigos maiores longe do aprisco, os pais precisam intervir na vida dos seus filhos com disciplina equilibrada.

O equilíbrio entre a instrução e a intervenção, ou seja, a disciplina, pode ser entendido por meio desta analogia: O pai vai à frente do seu filho, como alguém que cava uma trilha ou valeta em que o filho pode caminhar. No início, a valeta está muito rasa, e o filho pode sair dela com facilidade. Quando isso acontece, o "pai cavador" coloca seu filho de volta na trilha com firmeza e amor. Com o passar do tempo, a valeta ficará cada vez mais funda. Depois de 16, 18 ou 20 anos, a trilha deverá estar tão profunda que o filho terá de subir uma escada para sair do caminho do Senhor. É possível, mas não muito provável.

O pai que realmente ama seu filho precisa intervir quando este deixa o caminho da instrução. Em Provérbios 23:13: *Não retires a disciplina da criança; pois se a fustigares com a vara, nem por isso morrerá*, e ainda em Provérbios 29:15 é mencionado: *A vara e a repreensão dão sabedoria, mas a criança entregue a si mesma, envergonha a sua mãe*. O alvo sempre é corrigir e restaurar a criança ao caminho do Senhor, nunca punir ou vingar-se do filho que nos fez passar uma vergonha. Assim, o pai ajuda seu filho a associar o pecado à dor, evitando consequências muito piores no futuro.

O pai ou a mãe que recusa disciplinar seu filho pode condená-lo à lepra espiritual. A lepra (hanseníase) é uma doença que dessensibiliza os nervos. A pessoa atingida pela hanseníase perde a sensação de dor e, por isso, torna-se insensível a feridas que acabam por destruir o seu corpo.

A dor física infligida pela vara cria "nervos espirituais", pelos quais o filho aprende a evitar o pecado. No futuro, se esses "nervos espirituais" não existirem, o perigo será bem maior, quando a falta de sensibilidade espiritual levará o filho a sofrer as sérias consequências de uma vida sem Deus. (Veremos mais sobre "A dor do leproso" no final da lição 12.)

O "pai pastor" trabalha dia e noite para proteger seus filhos contra a aids espiritual, pela intercessão; contra a amnésia espiritual, pela instrução; e contra a lepra espiritual, pela intervenção da disciplina. Realmente é uma responsabilidade de 24 horas por dia.

Certa vez, alguém fez este comentário sobre a responsabilidade de criar filhos: "Qualquer um pode gerar um filho; mas ser um papai exige alguém especial". Apesar das nossas muitas falhas, Deus pode nos dar a graça de sermos pais e mães dignos de sermos imitados por nossos filhos. Sejamos mais que progenitores: sejamos "pais pastores"!

LIÇÃO 4

O coração da questão: uma questão do coração

> PRINCÍPIO DE CONSTRUÇÃO
>
> *Os pais espelham para os filhos a carência de seu coração, para depois levá-los à salvação e santificação em Cristo Jesus.*

■ Objetivos do estudo

Como resultado deste estudo, os membros do grupo devem ser capazes de:

- Reconhecer a importância do coração como centro do nosso ser.
- Identificar na Bíblia a importância de atingir o coração, e não somente o comportamento dos filhos.
- Ser motivados a sondar atitudes e "pecados do coração" no discipulado e na disciplina dos seus filhos.

Sugestões didáticas:

1. Esta é uma das mais importantes lições deste caderno. Não permita que ela fique só na teoria. Discuta as aplicações práticas de uma vida vivida com foco no coração. Se os pais que compõem o grupo realmente aprenderem o significado desta lição, poderão ver alterado para sempre o seu conceito de

paternidade. Não mais se contentarão com a simples obediência externa; seu alvo será ganhar o coração dos filhos.

2. Alguns excelentes recursos para esta aula são: *Pastoreando o coração da criança*, de Tedd Tripp (São José dos Campos, SP: Editora Fiel, 1998); *A idade da oportunidade*, de Paul Tripp (São Paulo: Editora Batista Regular, 2008); e *151 boas ideias para educar seus filhos*, de David e Carol Sue Merkh (São Paulo: Hagnos, 2010).

TERRAPLENAGEM

Filho de peixe

- MATERIAL NECESSÁRIO: fotos de pais e filhos, mães e filhas etc., como esboçado na lição anterior; galeria (mural) para expor as fotos; fichas para votação; canetas.

- PROCEDIMENTO: Com alguma antecedência, os líderes devem ter avisado àqueles do grupo que têm filhos para trazerem uma foto de "pai e filho(a)", ou "mãe e filha(o)". As fotos podem ser individuais, mas devem ser entregues juntas. Se alguém não tem filho, pode trazer uma foto sua e do seu pai ou da sua mãe. O objetivo é descobrir que pais e filhos são mais parecidos, confirmando o que diz o ditado "Tal pai, tal filho".

  Quando os membros do grupo chegarem, devem entregar as fotos aos líderes. Estes devem colocá-las no mural. Depois de olharem as fotos expostas, todos os membros do grupo que estiverem presentes devem votar nas seguintes categorias:

  - Pai/filho mais parecidos;
  - pai/filho menos parecidos;
  - mãe/filha mais parecidas;
  - mãe/filha menos parecidas.

  Os mais votados pelo grupo podem ser "premiados" ao final do estudo.

  A dinâmica serve para ilustrar o princípio "os filhos refletem a nossa imagem, como pais, tendo sido feitos à nossa imagem e semelhança". Infelizmente, isso significa também que "filho de pecador pecadorzinho é".

FIRMANDO ALICERCES

? Comente o que significou para você a leitura do artigo "Pais pastores" (p. 60). O que mais chamou sua atenção no texto?

_____

_____

Compartilhe, se assim desejar, a sua avaliação pessoal sobre o pai ou a mãe que você tem sido. Em qual das três áreas principais de responsabilidade na paternidade — intercessão, instrução, intervenção — você se considera mais forte? Em qual delas você se julga mais fraco? (Se alguém do grupo conseguiu elaborar um projeto pessoal para melhorar na sua área mais fraca, pode compartilhá-lo com os outros membros do grupo.)

ERGUENDO PAREDES

Atualmente, muitos pais encontram-se estressados, desorientados e confusos quanto à criação dos filhos. Não sabem qual a sua meta e não têm a mínima ideia de que métodos usar para atingir o seu alvo. Os poucos que ainda tentam conseguir obediência de seus filhos contentam-se em controlá-los à força — pelo menos, os filhos fazem o que os pais mandam!...

O padrão bíblico, porém, vai muito além de atos externos. Toca no fundo do coração. No início do processo de educação dos filhos, os pais que adotam o padrão bíblico terão muito mais trabalho, mas seu esforço valerá a pena. Ganhar o coração do filho é a operação feita no empenho de resgatar nele a imagem de Deus. O trabalho exigirá sondagens constantes de atitude e motivação, esforço redobrado de discipulado e disciplina, longas conversas e avaliações sábias, tempo de qualidade e quantidade.

Esta lição será um "cardiograma" feito em nós, como pais. Mostrará a importância de termos uma mentalidade "cardiocêntrica" na criação de nossos filhos e traçará sugestões para a criação dos filhos focada em questões interiores, ou seja, questões do coração.

A importância do coração

À luz da Bíblia, o coração é o centro do ser; a sede do intelecto, da emoção e da vontade. Isso corresponde à ideia de "mente" ou "pensamento". Representa o verdadeiro "eu"; a minha identidade, minha personalidade, quem eu realmente sou, o que sinto e penso.

1. **Leia Provérbios 4:23.** Qual a importância do coração conforme esse texto?

   _____
   _____
   _____

Em tempos antigos, a fonte d'água era o centro da vida de uma comunidade. Sem ela, o povo, o gado, as plantações morreriam. Por isso, a fonte era também motivo de guerra. Nenhum cuidado era demasiado quando se tratava de uma fonte d'água. Quando se trata do nosso coração, todo cuidado é necessário! O coração é uma fonte que precisa ser guardada!

2. Leia os textos a seguir e resuma o que eles ensinam sobre as características e a importância do coração humano. Que aplicações podem ter esses textos para os pais que desejam atingir o coração de seus filhos?

   Provérbios 14:10

   _____
   _____
   _____

   Provérbios 15:11

   _____
   _____
   _____

Provérbios 20:5

_____
_____
_____
_____

Provérbios 20:11

_____
_____
_____

Hebreus 4:12

_____
_____
_____
_____

Resumo: O coração é particular e revela o verdadeiro "eu". Ninguém é realmente capaz de compartilhar os aspectos mais íntimos do meu coração. É algo profundo, difícil de ser conhecido. Essa realidade se torna um grande desafio para os pais que desejam atingir o coração dos filhos. O comportamento da criança revela seu coração. Os pais terão de clamar a Deus, o único que realmente conhece o coração, para poder "pastorear" o coração dos filhos. A Palavra de Deus é ferramenta indispensável para o conhecimento do coração. Esse será um processo árduo e longo, que muitas vezes encontrará resistência. Entretanto, os pais precisam persistir se desejam colher, na vida de seus filhos, o fruto de um coração sensível a Deus.

O problema do coração

3. Leia cada um dos textos bíblicos no quadro a seguir e anote o problema do coração que eles destacam. Que implicações esses textos demonstram para os pais que desejam atingir o coração de seus filhos?

Texto	Problema do coração	Implicação para os pais
Pv 22:15		
Jr 17:9,10		
Ez 14:1-7		

O desafio para os pais

Certa vez, o filósofo Sócrates afirmou: "A vida não examinada não vale a pena ser vivida". A falta de introspecção leva à simples existência, a uma vida vivida apenas um pouco acima do nível dos animais. Deus nos chama para uma vida mais dinâmica, em que realmente conhecemos nosso coração. Obviamente, há necessidade de equilíbrio, pois muita introspecção pode nos levar ao extremo de nos deixar desatinados.

No entanto, a maioria de nós erra em outra direção. Em meio ao corre-corre de nossa vida, mergulhamos no mar de ativismo. São raras as vezes em que paramos o suficiente para conhecer quem realmente somos. Precisamos sondar nossas motivações e examinar o estado do nosso coração para que possamos beber da fonte da graça de Deus.

4. Leia Salmo 139:1-7,23,24. Qual deve ser o pedido acerca do nosso coração? Isso significa que Deus não o conhece?

_____
_____
_____

Devemos clamar a Deus para que Ele sonde nosso coração. Não para que Deus descubra algo novo que ainda não saiba — Deus já sabe tudo sobre nós (v. 1,2). Quando pedimos que Ele nos sonde, significa que desejamos que Ele nos revele quem somos realmente.

Deus nos chama para uma lembrança constante do verdadeiro estado do nosso coração, não para que desanimemos, mas para nos motivar a elevar os olhos e ver o amor de Cristo. Quanto mais conhecemos nosso coração, mais sentimos a necessidade da graça de Deus. Os pais têm a responsabilidade de servir como espelhos, nos quais os filhos possam ver refletida a verdadeira natureza de seu coração. Isso para que os pais possam conduzi-los até a cruz de Cristo e fazê-los alcançar o perdão dos seus pecados.

5. Leia Provérbios 23:26. No texto, que pedido o pai faz ao filho? O que isso significa?

_____
_____
_____

O pai pede que o filho lhe dê o coração. Isso significa que o filho confia no pai o suficiente para seguir seus caminhos — sua instrução e disciplina —, sendo transparente, humilde e obediente.

O autor e pastor Tedd Tripp diz: "O comportamento da criança é impulsionado pelo coração; portanto, a correção, a disciplina e o treinamento — todo o processo da criação de filhos — devem dirigir-se ao coração. A tarefa fundamental na criação de filhos é pastorear o coração deles".[1]

A cura do coração

Assim como os pais precisam viver na esfera do coração, devem levar os filhos a uma vida de autocompreensão. Que fazer para pôr em prática essa "arte"? Qual o tipo de tratamento para a cura do

---

[1] TRIPP, Tedd. *Pastoreando o coração da criança*. São José dos Campos, SP: Editora Fiel, 1998, p. 18.

filho que reconhece ser portador de doença cardíaca? É preciso dar os seguintes passos:

Levar o filho a reconhecer a fonte do seu pecado.

6. De acordo com **Marcos 7:21-23**, qual a fonte do nosso pecado?

_____
_____
_____

Levar o filho a receber um transplante de coração.

7. Leia Ezequiel 36:26,27. O que Deus oferece como benefício da nova aliança selada pelo sangue de Jesus?

_____
_____
_____

Levar o filho a uma renovação de mente (coração).

8. Da mesma forma que uma pessoa que passou por um transplante precisa usar remédios para evitar a rejeição pelo restante da vida, aquele que recebe de Jesus um novo coração precisa tomar doses diárias da Palavra de Deus, a fim de que seu coração esteja protegido contra diversos perigos. **Leia Romanos 12:2.** Qual o processo de santificação prescrito por Paulo nesse texto?

_____
_____
_____

9. Leia Filipenses 4:8 e **Provérbios 4:23.** Como pais e filhos podem proteger o coração contra o pecado?

_____
_____

10. Leia Provérbios 23:15,16 (3Jo 4). Qual o resultado de um pai atingir, pela graça de Deus, o coração de seu filho?

_____
_____
_____

Sugestões para pais que desejam atingir o coração dos filhos:

1. Não subestime a exigência cristã do padrão bíblico de obediência total a Deus (1Pe 1:14,15). Mostre a seu filho a necessidade de ele buscar a perfeição exigida por Deus (Mt 5:48; Rm 3:23).
2. Use os critérios da Palavra de Deus para fazer "julgamentos" acertados sobre o comportamento (e o coração) do seu filho (2Pe 1:3; Hb 4:12).
3. Discipline seu filho quando ele pecar (Pv 22:15), mas sempre em um contexto mais profundo do que o simples comportamento; explore suas motivações, atitudes etc., e ajude-o a compreender o pecado-raiz do seu comportamento e sua carência da graça de Deus (Hb 4:12).
4. Não se contente com a obediência externa e "formal", mas sonde (e confronte) atitudes de desrespeito, rebeldia, insubmissão etc.: portas batidas, trabalho malfeito, corpo mole, olhos arregalados, pés arrastados, sinais de rebeldia passiva e de alguém "sábio aos próprios olhos", alguém que sempre tem de ter a última palavra, provoca discussão, mente etc. (Mt 15:7-9; Is 29:13,15).
5. Aponte para a suficiência da obra de Cristo para a salvação dos pecados e santificação na graça (2Co 5:21).
6. Trabalhe em direção a uma amizade aberta e honesta com seu filho, como ALVO da sua paternidade; mas lembre-se de que esse é o final, e não o início do relacionamento (Pv 23:15; 3Jo 4).
7. Reserve o tempo necessário para "abrir o jogo" com seu filho: ouça seus problemas, compartilhe suas fraquezas e juntos clamem a Deus pela sua graça (Tg 5:16).
8. Peça perdão pelos seus pecados diante de seus filhos (Mt 5:23,24).

9. Desafie seu filho a examinar o próprio coração para poder identificar suas motivações, seus temores, pecados e frustrações (Sl 139:1-7,23,24).

10. Faça uma sondagem constante para determinar se há ídolos erguidos em seu coração (objetos de adoração que tomam o lugar de Deus) e no coração de seus filhos: bens materiais, aparência física, carreira, reputação, esportes, pessoas famosas, namorado(a), cônjuge, filhos, casa, ministério etc. (Ez 14:1-3; 1Jo 5:21).

INSPECIONANDO A CONSTRUÇÃO

Leia o artigo "O currículo do coração" (p. 75). Não se assuste com o número de "matérias" e sugestões ali oferecidas. Verifique, sim, os pontos em que você mais precisa trabalhar. Anote aqui a "matéria" que gostaria de enfatizar primeiro:

_____
_____
_____

(?) Para refletir: Até que ponto você acha que já atingiu o coração do(s) seu(s) filho(s)? O que ainda falta para isso? Que projetos você tem elaborado para atingir o seu alvo? O que precisa ser mudado em sua casa?

_____
_____
_____

ACABAMENTO

(?) **Leia Mateus 5:29,30.** Jesus usa uma "hipérbole" (exagero para produzir um efeito chocante) para descrever a repugnância do nosso pecado e os passos extremos que devemos dar para evitá-lo. Note que Ele exige que o membro do corpo que causa o pecado seja arrancado. Será que o olho realmente CAUSA o pecado? E a mão? Veja o final do versículo 28. Onde reside a verdadeira causa do pecado? O que Jesus está dizendo?

_____
_____
_____

O CURRÍCULO DO CORAÇÃO

O mais importante professor do mundo não ganha salário nenhum, nunca se aposenta e jamais entraria em greve. A Palavra de Deus nos ensina que todo pai e toda mãe são, acima de tudo, professores que educam seus filhos nos caminhos do Senhor. Seu objetivo não é o simples conhecimento. Eles miram o coração do filho. *Meu filho, dá-me teu coração, e que os teus olhos se agradem dos meus caminhos* (Pv 23:26).

Por meio de conselhos práticos, o livro de Provérbios oferece um currículo cujo alvo é transformar o coração do filho. Enquanto os pais ensinam o alto padrão de Deus mostrado na Bíblia, espelham para o filho a própria incapacidade de atingi-lo. Isso porque ninguém é capaz, por si mesmo, de cumprir a lei divina, pelo menos na esfera principal: o coração. Pais que diminuem as exigências feitas pelo Senhor acabam por colocá-las ao alcance do filho, que, sentindo-se autossuficiente, nunca reconhecerá a necessidade que tem de conhecer Jesus e depender dele.

O "currículo do coração" elaborado em Provérbios transmite princípios fundamentais para uma vida íntegra. Entretanto, apesar de serem fundamentais, é impossível que suas disciplinas sejam colocadas em prática sem que haja em nós, os pais, a vida de Cristo (Jo 15:1,4). Uma vez que o filho percebe suas muitas falhas, os pais devem encaminhá-lo para a obra redentora de Cristo Jesus na cruz. É justamente nas horas de maior desânimo, quando o filho afirma "Não consigo fazer nada certo", que os pais podem ministrar as "boas-novas" do evangelho — que Jesus morreu em seu lugar e ressuscitou para lhe dar uma nova vida, a vida de Cristo em nós, a esperança da glória (Cl 1:27).

O objetivo do "currículo do coração" não é só evangelístico. Sua ação continua depois da conversão, pois a "transformação do coração" exige uma renovação constante da mente (Rm 12:1,2). O alvo e desejo do pai encontram-se nas palavras de Provérbios: *Meu filho, se teu coração for sábio, o meu próprio coração se alegrará, e exultará quando teus lábios falarem coisas corretas. Não tenhas inveja dos pecadores, pelo contrário, conserva-te todos os dias no temor do SENHOR. Porque certamente terás uma recompensa, a tua esperança não será frustrada* (Pv 23:15-18).

Há pelo menos dez disciplinas no "currículo bíblico do coração". Em Provérbios, todas essas disciplinas seguem o chamado do pai ao filho: *Meu filho,...* Esse pai ensina seu filho a:

1. **Ouvir e obedecer à instrução dos pais (Pv 1:8,9; 4:1-6; 6:20ss).** Esta primeira disciplina alicerça o restante do currículo do lar. O pai sábio ganha os ouvidos do seu filho, para lhe poder transmitir outros ensinos essenciais. Provérbios enfatiza essa disciplina mais do que qualquer outra, pois os ouvidos são o portal para o coração. Como ganhar os ouvidos dos nossos filhos? Eis algumas sugestões:

   - Reservar tempo para estar com eles — brincando, trabalhando, conversando. Qualidade e quantidade de tempo são importantes.
   - Começar cedo com a disciplina firme e as afirmações do seu amor por seu filho.
   - Insistir em obediência imediata, e não depois do sétimo brado!
   - *Aprender a ouvir*, você mesmo, quando seu filho tem algo para falar.
   - Pedir perdão a seus filhos quando você errar como pai.

2. **Valorizar a Palavra de Deus (Pv 4:20-23; 7:1-5).** O pai sábio reconhece a importância de gravar, logo cedo, a Palavra de Deus na mente do filho, como proteção contra perigos futuros. *Guardei a tua palavra no meu coração para não pecar contra ti* (Sl 119:11). Esse "guardar a Palavra de Deus no coração" pode ser feito de várias maneiras:

- Pela frequência aos cultos, onde a Palavra de Deus é ensinada.
- Por pequenos períodos de leitura bíblica com a família (sugerimos que comecem com Provérbios).
- Por concursos de memorização de versículos bíblicos entre os membros da família.
- Por meio de um tempo diário de "hora silenciosa", em que o filho "cava" nas minas bíblicas por si mesmo.
- Pela frequência à Escola Bíblica Dominical, Escola Bíblica de Férias, acampamentos evangélicos etc.

3. **Resistir aos maus companheiros (Pv 3:31,32; 4:14,15, 26,27).** O perigo de cair nas mãos de companheiros ruins é grande. Provérbios diz que devemos evitar o homem violento (16:29), bravo (22:24,25), indisciplinado (23:20,21; 28:7), perverso (23:17) e rebelde (24:21). O pai sensato ensina ao filho que *Quem anda com os sábios será sábio, mas o companheiro dos tolos sofrerá aflição* (13:20). Rápida e facilmente o coração do jovem se deixa contaminar pelas "más companhias". Algumas ideias práticas para ensinar esse princípio:

- Conhecer bem os amigos dos seus filhos.
- Abrir sua casa como o *playground* da vizinhança.
- Ter cuidado com os heróis que seus filhos "adoram" na mídia.
- Apresentar para seus filhos heróis dignos da admiração deles.
- Mostrar, na vida real, as consequências de ter maus companheiros.

4. **Resistir a pessoas imorais (Pv 7:6-27).** Se existe uma área em que nossos filhos estão se tornando vítimas de doenças cardíacas espirituais, é a área da sexualidade. Um bombardeio sensual os assola todos os dias, de todas as formas. Por isso mesmo, a educação sexual deve começar e terminar no lar. O pai precisa chegar antes dos amiguinhos e antes da mídia e explicar ao filho os "fatos da vida". Existem em Provérbios não menos de seis passagens que alertam o filho sobre os perigos da sensualidade desenfreada. Sugerimos que os pais:

- Falem com seus filhos sobre a sexualidade em uma idade oportuna (não cedo demais nem tarde demais).

- Ensinem aos filhos a importância de eles fugirem da imoralidade.
- Sejam seletivos quanto ao entretenimento de seus filhos, especialmente através da TV, de filmes e de música.
- Mostrem aos filhos as consequências da promiscuidade na vida real.
- Avaliem, à luz da Palavra de Deus, o material escolar usado pelos filhos.

5. Confiar no Senhor (Pv 3:1-8). Deus pede o coração do filho: *Confia no Senhor de todo o coração...* (Pv 3:5). O filho aprende a confiar no Senhor pelo exemplo dos pais que:

- Oram juntos sobre as necessidades do lar e relatam as respostas aos filhos.
- Não reclamam do que poderiam ver como "azar" na vida, mas dão graças a Deus em tudo.
- Contam aos filhos as histórias da provisão de Deus na vida da família.
- Oferecem oportunidades aos filhos para que dependam do Senhor e vejam sua mão em ação.
- Estabelecem "memoriais" (lembranças concretas) da fidelidade de Deus no passado.

6. Contribuir para outros (Pv 3:9,10). Outra prática que deve influir na formação do caráter cristão dos filhos é a contribuição. A generosidade dos pais revela um coração desprendido e entregue ao Senhor e ao seu reino. O filho precisa aprender que Deus é o dono de tudo e que uma forma de reconhecer que Ele tem primeiro lugar em nossa vida é a contribuição. Como o pai pode ensinar esse princípio?

- Mostrando aos filhos a importância de um orçamento familiar.
- Demonstrando, pela prática e pelo exemplo, a maneira com que Deus recebe a primeira parte do orçamento.
- Dando oportunidades para que os filhos ganhem dinheiro, ajudando-os a designar a primeira porção para contribuição às necessidades de outros.

- Participando, como família, de campanhas para projetos missionários especiais.

7. **Aceitar a disciplina (Pv 3:11,12).** Todo filho precisa aprender a aceitar, de forma correta, a disciplina do Senhor. Muitas vezes, a disciplina divina vem pela agência intermediária dos pais! O filho que não se submete à disciplina dos pais ainda não lhes entregou seu coração. Como podem os pais levar os filhos à submissão?

- Não permitindo que resistam à disciplina.
- Não permitindo que respondam de forma errada (gritos, pranto exagerado, birra etc.) ao serem disciplinados.
- Disciplinando as atitudes, e não somente as ações erradas dos filhos.
- Dando, os próprios pais, exemplo positivo de humildade e submissão.
- Pedindo perdão de seus erros aos filhos.
- Estando atentos às explicações dadas pelos filhos antes de discipliná-los.

8. **Evitar dívidas — não cobiçar (Pv 6:1-5; 22:7; 27:11-13; 28:22).** Algumas dívidas podem ser uma expressão de cobiça — a raiz de um coração descontente. Fazendo dívidas por causa da cobiça, os pais revelam que não há suficiente confiança em Deus para esperar o tempo dele. Há, sim, a insistência em adquirir o que se quer, quando se quer e como se quer — agora! É a presunção, e não a fé, que concorda em "levar agora e pagar depois". Maneiras com que o pai pode ensinar os filhos a não serem escravos dos desejos do seu coração e, principalmente, da dívida:

- Dando o exemplo de "levar agora, pagar agora".
- Satisfazendo-se com aquilo que tem.
- Aprendendo a viver de forma mais simples.
- Orando com a família por suas necessidades e desejos.
- Aprendendo a poupar para ter o suficiente para seus gastos.
- Mostrando, na vida real, os perigos das dívidas e da fiança.

9. Ser diligente no trabalho (Pv 6:6-11). Os pais são os principais professores de diligência no serviço. Mais uma vez, é uma questão de coração: *E tudo quanto fizerdes, fazei de coração, como se fizésseis ao Senhor e não aos homens* (Cl 3:23). Como sempre, o exemplo dos pais fala mais alto que o ensino em si mesmo. Sugestões para ser exemplo de diligência no trabalho:

- Dar tarefas para os filhos realizarem diariamente em casa.
- Insistir com os filhos na diligência, integridade e qualidade do serviço que eles fizerem.
- Vigiar o progresso e esforço dos filhos nas tarefas escolares.
- Insistir em que mantenham as próprias coisas em ordem.

10. Evitar vícios (Pv 23:20,21). No "currículo do coração", Provérbios ensina a moderação e a autodisciplina como estilo de vida. A tendência do coração é o descontentamento, a falta de satisfação com moderação, finalizando com a prisão na armadilha dos vícios. *A Sepultura e a Destruição nunca se fartam, e os olhos do homem nunca se satisfazem* (Pv 27:20). Como ensinar a moderação aos filhos?

- Sendo exemplo de equilíbrio em todos os aspectos da vida (comida, bebida, exercício físico etc.).
- Mostrando o "outro lado" dos vícios que a propaganda quer esconder.
- Contando as histórias de pessoas conhecidas que estragaram sua vida com os vícios.

O pai sábio é diretor da escola mais importante na face da terra: o lar! Esse "pai professor" não se contenta com o simples comportamento "controlado". Mira o coração do filho, seu interior, suas atitudes, sabendo que essa é a única esperança para ele ter uma vida bem-sucedida, firmada na Palavra de Deus. As disciplinas são muitas, e nenhum pai será capaz de se tornar "doutor" em todas elas. Por isso, sigamos o conselho divino: *Confia no SENHOR de todo o coração, e não no teu próprio entendimento. Reconhece-o em todos os teus caminhos, e ele endireitará tuas veredas* (Pv 3:5,6).

PARTE II

Discipulando
seu filho

LIÇÃO 5

No caminho em que deve andar

> Princípio de construção
>
> *O discipulado dos filhos começa com pais que os consagram e os acompanham num caminho claramente traçado pelo Senhor.*

■ Objetivos do estudo

Como resultado deste estudo, os membros do grupo devem ser capazes de:

- Reconhecer que seu alvo como pais é tornar o filho um discípulo do Senhor Jesus.
- Confiar na bondade e na graça de Deus para a tarefa de discipular os filhos.
- Avaliar os hábitos e a disciplina desenvolvidos na família para estar certos de que, como pais, estão fazendo tudo o que é possível para atingir esse alvo.

Sugestões didáticas:

1. Este estudo focalizará um versículo que tem sido muito mal interpretado: Provérbios 22:6.
2. Note que a terraplenagem sugerida servirá como captação e ilustração no desenrolar deste estudo. Os facilitadores decidirão o que será melhor para o grupo.

3. Dependendo da abordagem feita, esta lição pode induzir os pais a uma ou outra destas duas atitudes: graça ou culpa. Falar em treinamento espiritual, culto doméstico e assuntos relacionados pode causar constrangimento aos pais (o que não é necessariamente uma coisa ruim!). É preciso, porém, tomar cuidado para que a lição termine com a esperança na graça de Deus, a certeza da presença de Jesus, a realidade da capacitação do Espírito Santo. Nenhum pai será capaz de fazer tudo que talvez seja compartilhado na lição e na leitura. Basta reconhecer sua carência e clamar a Deus pela graça que o leve a melhorar em pelo menos uma ou duas áreas específicas.

Terraplenagem
Cavando os caminhos do Senhor

- Material necessário: uma picareta, uma enxada ou uma pá; um rolo de barbante ou linha de pedreiro; uma boneca para representar um bebê; uma Bíblia.

- Procedimento: Esta atividade pode funcionar como captação para a lição ou como ilustração no decorrer do estudo. Chame um casal de "voluntários" à frente. Explique que acabam de ganhar um novo bebê (entregue a boneca ao casal). Eles querem muito acertar como pais. Mas como? (Ilustre cada declaração a seguir com a boneca, a picareta e os pais.)

  - Certamente não colocando uma picareta nas mãos do filho, pedindo que cave o próprio caminho (muitos pais hoje fazem justamente isso, por medo de "restringir a criatividade" ou causar um "trauma de infância" nos filhos).
  - Certamente não empurrando o filho, apontando para ele mais ou menos a direção em que deveria cavar.
  - Os pais são os que vão ADIANTE do filho. Eles seguem a "linha de pedreiro", a Palavra de Deus. (Um dos pais pode fixar, segurada por alguém, uma ponta da linha amarrada a uma Bíblia e colocada a certa distância da família.) A Palavra traça o "caminho em que devem andar".

- Os pais devem cavar seguindo essa linha, ensinando por palavra e por exemplo o que Deus requer deles e dos filhos.
- No início, a "valeta" que é o caminho do Senhor será rasa. Com 2 anos de idade, o filho tentará sair desse caminho muitas vezes. Aqui entra a "vara da correção", que, de forma graciosa, mas firme, traz o filho de volta ao caminho. Com o passar do tempo, a "valeta" vai se tornando cada vez mais funda e atinge o coração do filho.
- Com o tempo, ficará muito difícil (e pouco provável) que o filho saia desse caminho.
- Mais tarde, o filho começa a cavar ao lado dos pais, agora como companheiro deles.
- No final, o filho passará a cavar por si mesmo, ainda que o pai não esteja por perto. Logo aquele filho cavará adiante dele o caminho dos próprios filhos.

FIRMANDO ALICERCES

De que princípios estudados na lição "O coração da questão: uma questão do coração" (p. 65) você consegue se lembrar? Como grupo, façam uma "tempestade cerebral", em que cada um fale sobre um dos aspectos da lição anterior que lhe tenha causado impressão. No final, orem juntos, pedindo que Deus os capacite para serem "pais professores, que miram o coração dos filhos".

___

___

(?) Compartilhe suas reações diante da leitura do artigo "O currículo do coração" (p. 75). Revise as dez disciplinas que visam atingir o coração dos filhos. Em que disciplina você mais precisa trabalhar? Por quê?

___

___

ERGUENDO PAREDES

Instrui a criança no caminho em que deve andar,
e mesmo quando envelhecer não se desviará dele
(Pv 22:6).

A criação e a educação dos filhos são privilégio e responsabilidade dos pais — não da igreja, nem da creche ou da televisão. A igreja não é um "reformatório" para "dar um jeito no meu filho"! Essa tarefa é nossa, como pais, e daqueles que, às vezes, se encontram nesse papel (como avós, tios, tutores etc.).

O livro de Provérbios é um "manual de treinamento familiar". Contém máximas (provérbios) que funcionam como *princípios* para nortear todos os aspectos da nossa vida. Na Bíblia, os provérbios são como nossos provérbios populares — "Filho de peixe, peixinho é"; "Água mole, em pedra dura, tanto bate até que fura" —, resumem muita experiência em pouco espaço, mas não incluem "notas de rodapé" com possíveis exceções. Por isso, não devemos torcer um provérbio bíblico, como o de Provérbios 22:6, para concluir que um filho rebelde significa que seus pais não o ensinaram nos caminhos do Senhor. Não podemos inverter os provérbios para que eles digam mais do que pretendem ensinar!

Com isso em mente, estudaremos esse provérbio — palavra por palavra e frase por frase — para aprender lições fundamentais para a criação de nossos filhos. No processo, vamos desmentir algumas ideias popularmente divulgadas sobre esse versículo e descobrir verdades práticas e encorajadoras para os pais.

1. ***Instrui a criança...*** — O verbo "instruir" significa muito mais do que simplesmente transmitir um conteúdo. No Antigo Testamento, ele é empregado quase exclusivamente referindo-se à *consagração* ou *inauguração* de prédios ou altares, construídos cuidadosamente durante um bom tempo e por fim separados e dedicados para um uso especial. Nos textos a seguir, podemos ver exatamente o que foi "consagrado" (a mesma palavra traduzida por "instruir" — Pv 22:6).

Deuteronômio 20:5

_____
_____

1Reis 8:63

_____
_____
_____

Neemias 12:27

_____
_____
_____

2Crônicas 7:9

_____
_____
_____

2. O que a consagração de uma construção tem em comum com o ensino da criança? Pense em vários paralelos possíveis:

_____
_____

Tanto a construção de um prédio como a educação de uma vida requerem tempo, dedicação, suor e um "plano de construção". A consagração do produto final serve para "inaugurá-lo" para um uso específico. No caso dos filhos, a entrega final visa a que sejam usados por Deus. No Antigo Testamento, muitas vezes a consagração de uma nova construção era acompanhada por cerimônias e ritos especiais de celebração e inauguração. Até hoje vemos a mesma prática quando prédios, monumentos e navios são inaugurados.

3. Quais as implicações práticas dessas ideias na educação de filhos?

_____
_____
_____

Quando se trata da educação de filhos, em primeiro lugar, os pais precisam consagrar-se — A ELES MESMOS — num processo de construção longo e árduo; precisam de uma planta para a construção: a Palavra de Deus; têm um propósito em mente: preparar os filhos para uma vida útil para o Senhor. À luz desse versículo, quando os pais chegam ao final do processo, podem considerar a possibilidade de promover uma cerimônia especial como rito de passagem, ou seja, uma celebração de maioridade e maturidade espiritual.

4. Quais são algumas das formas pelas quais os pais podem "construir e consagrar" seus filhos nos caminhos do Senhor?

_____
_____
_____

Algumas ideias para ajudar os pais nesse processo de discipulado dos próprios filhos incluem:

- Ensino informal nos momentos próprios durante o dia;
- ensino formal em um culto doméstico;
- envolvimento nos cultos de pregação da igreja, Escola Bíblica Dominical e Escola Bíblica de Férias;
- leitura conjunta de bons livros evangélicos pela família;
- memorização conjunta de versículos bíblicos;
- boa música ouvida em casa;
- experiências ministeriais com a família durante as férias e em outras oportunidades.

A expressão **no caminho em que deve andar** tem causado muita discussão. Alguns concluem que os pais devem educar seus filhos "conforme o jeitão deles", ou talvez "conforme o temperamento deles". A ideia faz sentido — é bom respeitar a individualidade dos filhos, seus interesses, sua personalidade e suas habilidades. A palavra "caminho" foi, de fato, usada em Provérbios com a ideia de "jeitão" pelo menos uma vez (cf. 30:19). Entretanto, parece que a grande ênfase desse versículo não é o caminho do filho, mas o caminho do Senhor, que o texto pressupõe que os pais conheçam, trilhem e transmitam a seus filhos![1]

5. Por que atualmente tantos pais hesitam em determinar para o filho qual o caminho em que deve andar (no sentido moral)? Por que têm medo de ser autoridade na vida de seus filhos?

_____
_____
_____

Muitos pais estão confusos em razão de tantas vozes clamando contra o autoritarismo. Temem criar "traumas" em seus filhos ou talvez perder o seu amor. Acham que, se forem diretivos demais, vão podar a criatividade do filho. A Palavra de Deus, entretanto, ensina que os pais TÊM de assumir esse papel como autoridades na vida dos filhos. O filho que não conhece o caminho em que deve andar e que é deixado à própria mercê na procura desse caminho quase sempre escolhe o caminho errado.

6. Leia Provérbios 22:15 e 29:15. O que esses versículos nos ensinam sobre a necessidade de os pais serem proativos (intencionais) na educação de seus filhos?

_____
_____
_____

---

[1] A *Nova Versão Internacional* traduz essa expressão por *segundo os objetivos que você tem para ela*. No entanto, a ideia do texto não é tanto os objetivos que os pais têm para o filho, e sim o estilo de vida que DEUS tem para ele. Pressupõe-se que os pais que amam a Deus tenham os mesmos objetivos de Deus para a vida do filho.

Muitos supostos *experts* em educação infantil afirmam que a criança nasce como *tábula rasa*, ou seja, moralmente neutra e sujeita às forças ambientais que a cercam. Essa ideia, amplamente disseminada na nossa cultura popular, conduz a teorias de comportamentalismo que sugerem que a criança é como um animal, cujo comportamento precisa ser *condicionado* pelos pais e professores. Em termos práticos, isso significa que os pais lidam mais com o ambiente que cerca o filho do que com o coração do filho. Na melhor das hipóteses, o resultado dessa teoria é o tratamento do filho como um robô a ser controlado ou um animal (ratinho) a ser domado.

No entanto, a Palavra de Deus afirma que o filho nasce sem sabedoria, com tolice no coração. Deixado para se virar sozinho, solto, será uma vergonha para os pais. Nunca acertará o caminho. Os filhos precisam de guias para ajudá-los a achar a trilha do Senhor, pela descoberta de que não são capazes de agradar a Deus, mas de que Jesus pode transformar sua vida (de dentro para fora).

A frase **e mesmo quando envelhecer não se desviará dele** tem sido interpretada por muitos como se significasse: "Se você levar seu filho à Escola Bíblica Dominical, talvez ele se desvie do caminho do Senhor na adolescência, mas um dia ele voltará". Que consolo essa interpretação traz ao coração dos pais? "Um dia, ele voltará" — mas como? Viciado? Alcoólatra? Com aids? Grávida? Arrebentado?

O versículo oferece muito mais para pais fiéis. Pressupõe que pais que instruem o filho no caminho em que deve andar fizeram muito mais do que o "empurrar para a EBD". O texto ensina que o filho colocado *para valer* no caminho do Senhor nunca mais sairá dele. A ideia do versículo é que, mesmo quando os pais não estão mais por perto, vigiando tudo que o filho faz, ele continuará nos caminhos do Senhor. Em outras palavras, os pais atingiram o coração do filho! O filho tem o próprio "Norte" — a Palavra do Senhor —, que o guiará até o final de sua vida.

É bom lembrar que há três fatores envolvidos no desenvolvimento do filho: a soberania de Deus, a responsabilidade dos pais e a escolha do filho. O provérbio não é uma garantia ou promessa absoluta, sem exceções. O princípio é suficientemente sólido e animador para construirmos toda a nossa paternidade sobre ele.

7. Como grupo, façam uma "tempestade cerebral", compartilhando ideias práticas de COMO os pais devem dedicar e acompanhar seus filhos no caminho em que devem andar. Façam uma lista tão completa quanto possível. No final, cada família deve escolher pelo menos UMA área em que pode melhorar durante a semana.

_____
_____
_____

Conclusão

Olhando os movimentos de um cadarço sobre a mesa, podemos aprender uma lição sobre a paternidade. Tente esta experiência: Coloque um cadarço usado e mole numa mesa lisa e tente empurrá-lo para o outro lado. O que acontece? Normalmente o cadarço se entorta, em vez de apresentar uma linha reta.

Tente outra vez, só que agora PUXE o cadarço. O que acontece? O cadarço SEGUE numa linha reta.

Ao instruir (construir e consagrar) os filhos nos caminhos do Senhor, o papel dos pais é o de PUXAR, e não o de EMPURRAR. Ou seja, ser exemplo, ir adiante, preparar o caminho e trazer o filho junto.

Os pais nunca serão perfeitos nessa caminhada. Quando falharem, entretanto, o melhor caminho será pedir perdão ao filho. Até nisso os pais estarão colocando o filho no caminho da confissão e humildade que agrada ao Senhor!

INSPECIONANDO A CONSTRUÇÃO

Leia o artigo "Meu filho, meu discípulo" (p. 92).

> **(?)** Reflita sobre esta questão: Até que ponto estou discipulando meus filhos, preparando-os para serem "súditos" do Rei Jesus? O que falta para que eu tenha um desempenho melhor nessa responsabilidade? Algum conceito apresentado nesta lição chamou sua atenção?

ACABAMENTO

Existe uma aplicação de Provérbios 22:6 praticada pelos judeus. O *bar mitzvah* e o *bat mitzvah* são festas de maioridade que servem como "ritos de passagem" na vida do filho judeu adolescente. Celebram o fato de um filho ou uma filha se tornar oficialmente "filho ou filha do mandamento", ou seja, um membro responsável e "adulto" dentro da comunidade da fé.

Na comunidade evangélica, alguns, com base em Provérbios 22:6 e a interpretação do verbo "instruir" ("consagre a criança"), sugerem uma "festa de maioridade" cristã. No final do seu tempo de treino em casa, com caráter comprovado e maturidade suficiente, o filho ou a filha será honrado(a) e "inaugurado(a)" na sua jornada como adulto. Essa festa pode ser adaptada para refletir a personalidade e o gosto de cada um, mas deve incluir desafios feitos por homens ou mulheres respeitados, presentes simbólicos desses desafios, testemunhos de amigos e mais. Não há limites no que a criatividade pode fazer para tornar esse um momento muito significativo, uma marca na vida do jovem.

MEU FILHO, MEU DISCÍPULO

Certa vez, alguém acusou um pai cristão de fazer lavagem cerebral no ensino de seus filhos. "Concordo", foi a resposta do pai. "Só que, diferente do mundo, eu uso água limpa!"

O fato é que o mundo quer fazer uma lavagem cerebral em nossos filhos. A pergunta é: quem chegará primeiro? Seus heróis esportistas, músicos, professores, colegas? Ou seus pais? E que tipo de água será usada?

Ser pai ou mãe significa ser discipulador! E o verdadeiro discipulado significa participar no processo de formar Cristo em outras pessoas (Gl 4:19). O melhor lugar do mundo para tornar pessoas em súditos do Rei Jesus é o lar — ao redor da mesa, ao lado da cama, na sala de estar, no *playground*, no carro, nos passeios, nas férias.

O discipulado exige uma presença constante e íntima. Hoje, existem muitos "programas" de discipulado. Nenhum desses programas empacotados, porém, traz as vantagens que os pais já desfrutam: uma audiência cativa, pelo menos nos primeiros anos, e oportunidades "24/7" (24 horas por dia, 7 dias por semana). Que oportunidade! Que responsabilidade!

Quando olhamos para a Bíblia, logo nos seus primeiros capítulos, percebemos que a imagem de Deus nos pais (Gn 1:27,28) é reproduzida nos filhos (Gn 5:1-3). Portanto, a preocupação principal dos pais deve ser criar filhos à imagem de Deus (conforme a imagem de Cristo — Rm 8:29).

Infelizmente, o inimigo continua seu ataque feroz contra a imagem de Deus (1Pe 5:8; Ap 12:9,10). E, como ele não pode atacar diretamente a Deus, sua estratégia é atacar o homem, feito à imagem de Deus, desfigurando-o por meio das tentações e do pecado. É como se o homem fosse feito um espelho para refletir a glória de Deus, mas o diabo aproveita cada chance para sujá-lo e transformá-lo num reflexo seu.

Haverá algum meio de se limpar da lama jogada nos espelhos individuais e familiares? Sim! Jesus veio resgatar a imagem de Deus no indivíduo e na família por sua obra na cruz (2Co 5:17-21). Em Jesus, pelo poder do Espírito, a verdadeira imagem de Deus pode ser resgatada (Ef 5:18—6:4).

Como será esse processo de resgate e discipulado? Provérbios 22:6 nos mostra o caminho:

> *Instrui a criança no caminho em que deve andar, e mesmo quando envelhecer, não se desviará dele.*

Criar nossos filhos à imagem de Deus exigirá treinamento e dedicação (Dt 6:4-9; Sl 78; Ef 6:4). Como já vimos nesta lição, a forma verbal "instrui", empregada em Provérbios 22:6, foi usada para descrever um ato de consagração, depois de um processo longo e árduo de construção. Ninguém se iluda! Criar filhos não é para covardes ou preguiçosos! Exige dedicação para abrirmos pacientemente uma "trilha" para nossos filhos e treiná-los perseverantemente para seguirem esse caminho. É um processo abrangente que demanda muito do nosso tempo. Entretanto, se quisermos de fato formar nossos filhos, devemos investir neles a maior quantidade de tempo possível, sem esquecer, é claro, da qualidade.

Embora, durante esse demorado processo, devamos ser sensíveis à natureza de nossos filhos, em nenhum momento podemos esquecer que nosso dever é ser "proativos". Ou seja, os pais devem antever as situações e buscar sabedoria na Palavra para se preparar para enfrentá-las, visto que o caminho natural da criança é a tolice e a vergonha (Pv 29:15; 22:15). Todavia, esse esforço para criar os filhos à imagem de Deus traz sua recompensa: os filhos darão descanso e agradarão o coração dos pais (Pv 29:17)!

A seguir, sugerimos algumas ideias práticas que têm sido muito úteis para gerações de pais na criação e no discipulado de seus filhos:

1. **Liberdade apropriada (Pv 29:15).** A liberdade que vamos dar aos nossos filhos deve ser progressiva e responsável. Isso significa que, no começo da vida do filho, o pai o dirige em todas as situações. Somente à medida que o filho amadurece, agindo em obediência e assumindo suas responsabilidades, é que o pai, gradativamente, deve deixá-lo tomar as próprias decisões.

2. **Ensino formal e informal (Dt 6:4-9).** O ensino formal se dá quando ensinamos alguma lição aos nossos filhos, seja ela religiosa, seja ética, seja moral. Com esse tipo de ensino, já estamos acostumados. Nossa instrução a eles, porém, não deve se restringir a esses momentos formais. Devemos aproveitar todas as oportunidades (situações na escola, com amigos, algo que tenham visto na TV etc.) para ensinar nossos filhos também de maneira informal.

3. **Promoção de "encontros familiares" (Dt 6:7-9).** Não desperdicem a oportunidade de tomar as refeições com seus filhos.

Na hora do almoço, por exemplo, não deixem que eles façam sua refeição assistindo à televisão enquanto vocês, pais, tomam a refeição na cozinha (ou vice-versa!). Juntem toda a família à mesa e desfrutem a comunhão nesse tempo. Planejem bem as férias da família. Decidam juntos aonde ir e como desfrutar ao máximo esse tempo. Outra ideia para encontros familiares é uma "reunião de leitura". Escolham um livro para ler e reúnam a família na sala à noite, em vez de ligar a TV, lendo juntos um capítulo cada noite. Será infinitamente mais proveitoso para todos.

4. **Promoção de encontros particulares.** Os pais também podem levar os filhos individualmente para fazer uma refeição fora de casa. É um tempo muito especial para uma "conversa de pai para filho". As viagens também são ótimas oportunidades de investimento na vida deles. Sempre que possível, levem um dos seus filhos.

5. **Criação de "heróis evangélicos" (Pv 3:31,32).** É muito comum as crianças terem um "herói". Estejam atentos para que seus filhos tenham ao redor de si pessoas dignas de se tornarem seus "heróis". Convidem essas pessoas para um lanche em sua casa e façam uma entrevista informal que destaque histórias e princípios de vida dignos de serem seguidos por seus filhos.

6. **Desenvolvimento de projetos e interesses particulares da família.** A vida traz inúmeras oportunidades para desfrutarmos a convivência familiar. Talvez você e seu cônjuge gostem de andar de bicicleta. Então, andem com seus filhos! Há muitas coisas em que a família toda pode se envolver: música, trabalhos manuais etc.

7. **"Rito de passagem".** Outra ideia simples que marca muito a vida dos filhos é comemorar um aniversário especial com um "rito de passagem". Quando o menino atingir uma maturidade tal que vocês queiram honrá-lo com mais privilégios e responsabilidades (por exemplo, ao completar 15 ou talvez 16 anos), chamem os avós, os tios e os irmãos da igreja que influenciam

sua vida para presenciarem a transição do "menino para adulto", e peçam que cada um traga uma palavra de encorajamento ao aniversariante. O mesmo se dá com a menina: chamem as avós, tias e irmãs da igreja para que também presenciem sua "maioridade" e lhe digam palavras de incentivo e instrução. Com certeza, será uma festa de aniversário que seus filhos jamais esquecerão e, ao mesmo tempo, vai torná-los mais conscientes de sua nova postura diante da sociedade.

8. **Envolvimento da família em ministérios na igreja.** A igreja local oferece diversas oportunidades para que a família sirva ao Senhor unida.

Quando Deus planejou a família, ele tinha em mente criar as melhores condições para que a vida humana fosse realizada e plena de significado. Quando assumimos a vontade de Deus para a nossa família, na dependência dele, estamos aceitando a oportunidade real e verdadeira de vivermos felizes e realizados. Olhando por esse prisma bíblico, criar nossos filhos à imagem de Cristo não é um fardo, mas um grande privilégio.

Ao terminar, deixamos com vocês, pai ou mãe, uma palavra de ânimo: Se vocês se sentirem incapazes de discipular um filho, lembrem-se de que nenhum pai é capaz, por si mesmo, de fazer isso. Somos todos pecadores (Rm 3:23). Criar filhos ou filhas segundo a vontade de Deus não depende tanto de nossas forças, mas da nossa dependência de Deus e obediência às instruções contidas em sua Palavra.

> *... e a paz de Deus, que ultrapassa todo entendimento, guardará o vosso coração e os vossos pensamentos em Cristo Jesus.* (Fp 4:7)

LIÇÃO 6

Crescimento espiritual na família

> **Princípio de construção**
> *Para cultivarmos a imagem de Deus na família, é necessário um crescimento espiritual equilibrado em conjunto!*

Objetivos do estudo

Como resultado deste estudo, os membros do grupo devem ser capazes de:

- Avaliar a atenção dada como casal e como família ao seu crescimento espiritual.
- Identificar e procurar eliminar os obstáculos que têm impedido a oração, como casal, e o "culto doméstico" em família.
- Iniciar o desenvolvimento de novos hábitos, visando ao crescimento espiritual da família, aplicando ideias práticas, criativas e atraentes.

Sugestões:

Alguns aspectos deste encontro podem ser ameaçadores para os casais, especialmente a oração em conjunto. Encoraje os membros do grupo a estar bem à vontade, mas trabalhe para atingir os objetivos da lição.

Terraplenagem

Caça aos autógrafos

- **Material necessário:** canetas; cópias do material elaborado.
- **Procedimento:** Aliste aspectos característicos dos integrantes do grupo e prepare uma relação semelhante à do exemplo a seguir. Distribua as folhas e peça aos participantes que, dentro do tempo determinado, procurem membros do grupo que possam assinar em um ou mais itens da relação. Esgotado o tempo, confira as respostas em grupo, fazendo com que todos os participantes tomem conhecimento delas. Entregue prêmios àqueles que conseguiram assinaturas em todos os itens. Se quiser, os itens selecionados podem seguir um tema específico: fatos da infância, vida escolar, romance, família de origem etc.

Exemplo:

Procure alguém com estas características:

- É o caçula da família: _____
- Ronca quando dorme: _____
- Não sabe nadar: _____
- Toca violão: _____
- Tem quatro ou mais irmãos: _____
- Esteve fora do Brasil este ano: _____
- Tem um gato e um cachorro em casa: _____
- Normalmente dorme antes das 22 horas: _____
- Fala mais de três idiomas: _____
- Tem todos os avós vivos: _____

Firmando alicerces

Compartilhem suas reações diante da leitura do artigo "Meu filho, meu discípulo" (p. 92).

_____
_____
_____

ERGUENDO PAREDES

Certa vez, alguém comentou que, se quiséssemos garantir que as pessoas sairiam da igreja sentindo-se culpadas, era só pregar sobre um destes três temas: dízimo, evangelismo, culto doméstico. O objetivo deste estudo é encorajar os membros do grupo a lidar com o ambiente propício para o crescimento espiritual em família. Mais uma vez, precisaremos da graça de Jesus, única fonte de capacitação para o crescimento espiritual no lar.

Uma parte fundamental na construção de um lar cristão é o crescimento espiritual equilibrado do casal e da família. Infelizmente, o cultivo desse crescimento é uma das áreas mais negligenciadas pela família. O corre-corre dos nossos dias faz com que sacrifiquemos o importante no altar do urgente.

Como podemos trabalhar para um crescimento espiritual que reflita um jugo igual no serviço do reino?

Queremos destacar duas áreas que poderiam revolucionar a vida familiar: a oração do casal e o ensino da Bíblia para os filhos.

Oração do casal

1. A porcentagem de casais que oram juntos, como marido e esposa, é muito pequena. Mais triste ainda é que pesquisas mostram que A MAIORIA DOS PASTORES nunca ora com a esposa. Por que é tão difícil orar com o cônjuge?

   _____
   _____
   _____

2. Quais os benefícios da oração feita como casal?

   _____
   _____
   _____

3. **Leia 1Pedro 3:7.** Conforme esse texto, o que pode impedir a oração conjugal?

A última frase do texto sugere que a insensibilidade do marido para com sua esposa pode impedir a oração dele, ou até mesmo as orações do casal (em algumas versões da Bíblia, a segunda pessoa do plural — *vossas* — pode se referir a homens no plural ou a casais). Maridos insensíveis às necessidades da esposa, que nunca estão presentes no lar, que não assumem seu lugar na liderança da família, correm o risco de ter suas orações rejeitadas por Deus.

4. Quais os maiores obstáculos que marido e esposa enfrentam na oração? O que impede que orem juntos com maior frequência?

5. Quem deve tomar a iniciativa na oração conjunta? Quem deve dirigir a oração? Existem "regras" nesta área ou há liberdade e livre atuação do casal?

Biblicamente, teríamos de dizer que há muita liberdade e poucas regras no que se refere à oração conjunta do casal. Espera-se que o marido assuma a liderança, mas não precisa ser sempre assim. O importante é que o casal ORE!

Que tal orar agora, como casal, pedindo mais coragem, transparência e humildade na prática da oração conjugal? Peçam que Deus tire os obstáculos que impedem sua oração e que os oriente quanto à frequência, à duração e ao conteúdo de suas orações com seu cônjuge.

Culto doméstico

O crescimento espiritual da família depende muito de um ensino coerente, consistente e criativo da Palavra de Deus. Embora a expressão "culto doméstico" possa não transmitir com exatidão o que temos em mente, ainda reflete o fato de que adoração e ensino espiritual devem acontecer no contexto do lar. Estudaremos mais sobre o culto doméstico na próxima lição. Para começar, leia o texto de Deuteronômio 6:4-9.

6. Quem se responsabiliza pelo ensino religioso dos filhos?

_____
_____
_____

Em que contextos isso deve acontecer?

_____
_____
_____

O ensino espiritual dos filhos deve acontecer durante todos os momentos do dia, em termos formais e informais, planejados e espontâneos, nos momentos em que o coração da criança esteja altamente moldável, todo dia e o dia todo.

Qual o propósito desse ensino?

_____
_____
_____

7. Quais as formas que o ensino pode assumir no lar? Como podemos ser mais criativos na transmissão de nossa fé à próxima geração?

_____
_____
_____

8. Que ideias práticas e criativas podem ser encontradas para o crescimento espiritual DO CASAL, ou seja, para tempos devocionais juntos, sem a presença dos filhos?

_____
_____
_____

Conclusão

O propósito desta lição não é amontoar culpa sobre pais que já se sentem sobrecarregados e incapacitados para a tarefa mais importante que Deus lhes entrega: a educação espiritual dos seus filhos. Ao mesmo tempo, não podemos negligenciar a importância fundamental que o crescimento espiritual EM FAMÍLIA terá na preparação e na proteção dos filhos contra os dardos inflamados do nosso inimigo. Deus chama os pais para orar e para ensinar os filhos nos caminhos do Senhor. Seja de maneira informal, seja de maneira formal (de preferência, de ambas as formas), a instrução e a intercessão serão peças-chave para resgatar a imagem de Deus na próxima geração.

INSPECIONANDO A CONSTRUÇÃO

Se vocês ainda não têm o hábito de orar juntos como casal, que tal colocar diante de vocês o propósito de orar juntos pelo menos três vezes antes da próxima reunião? Se encontrarem dificuldade, procurem orar pelo menos durante alguns minutos e por assuntos de interesse comum — por exemplo, em favor de seus filhos.

Leiam o artigo "Oração em estilo familiar", (p. 103). Conversem sobre um plano para melhorar sua oração como família.

Para o próximo estudo, os membros do grupo que puderem devem levar livros devocionais apropriados para os pais usarem na instrução espiritual de seus filhos.

ACABAMENTO

? **Leia Salmo 145:1-7.** Observe o versículo 4. Qual o dever de cada geração em relação às gerações seguintes? Qual deve ser o foco dos pais na transmissão da sua fé aos filhos? Segundo esse salmo, o que os pais devem contar aos filhos?

_____
_____
_____

ORAÇÃO EM ESTILO FAMILIAR

Era época de Natal, e já havíamos espremido o último centavo do orçamento de um período de "vacas magras". Sentamos com os filhos e explicamos que, pela primeira vez, não poderíamos seguir algumas tradições natalinas em nossa família. As crianças ficaram desapontadas, mas nos surpreenderam com seu otimismo: "Papai, podemos orar a Deus por um milagre?" "Claro", respondi, convicto de que precisaria mesmo de um milagre para mudar nosso quadro. Imaginava que, naquele ano, Deus tinha coisas mais importantes para resolver do que nossa tradição natalina.

Para minha surpresa, Deus enviou o "milagre", e celebramos o nascimento de Jesus tão bem ou até melhor que antes. Descobri que não existe nada que aumente mais a fé dos nossos filhos do que orações respondidas! Parece que Deus tem um prazer todo especial em atender aos pedidos das criancinhas. Sua fé, simples, mas resoluta, envergonha a nós, pais, que somos mais "sofisticados", mais "práticos".

Não podemos manipular Deus, mesmo com a oração das crianças. No entanto, podemos ensinar-lhes uma fé viva e vibrante por meio da oração. Podemos transmitir a fé à próxima geração pela busca constante, humilde e sincera de Deus em oração.

Infelizmente, muitas famílias não têm o costume de orar juntos. É mais um produto do corre-corre de vidas frenéticas em que o importante perde para a tirania do urgente. Confesso que a nossa família muitas vezes anda a "cem por hora", mas descobrimos que a oração é parte vital da nossa saúde espiritual. Por isso, vamos compartilhar algumas sugestões que nos têm ensinado a orar em "estilo familiar".

1. **Começar cedo.** A melhor maneira de ensinar a criança a orar é cercá-la com oração desde cedo. O hábito da oração é contagiante e começa ainda no namoro, quando os casais devem aprender a orar juntos. Desde cedo, as crianças verão seus pais orando com elas às refeições, antes e depois de viagens, antes de dormir e em outros momentos não programados. Desse modo, elas orarão também como resposta natural às diversas circunstâncias da vida. Encorajamos nossos filhos a dizer "Obrigado, Jesus" antes das refeições e em todos os momentos em que percebem a ação de Deus em sua vida.

2. **Incentivar, mas não forçar, seus filhos a orar.** Nunca insistimos para que um dos nossos filhos orasse — eles mesmos quase brigavam por esse direito! As orações dos mais jovens são sempre recordações preciosas — e cômicas — do nosso armário sentimental: "Obrigado, Jesus, pelo copo e pelo garfo e pelo prato e pela carne, mas não pela beterraba. Amém". "Obrigado, Senhor, porque menti e desobedeci à mamãe e apanhei, mas agora está tudo bem". "Obrigado, Jesus, por mamãe e papai e Júnior e mamãe e minha boneca e mamãe. Amém". Achamos melhor não forçar nossos filhos a orar, para evitar a hipocrisia. O melhor é encorajá-los, incentivá-los a orar e esperar que Deus trabalhe em seu coração. Eles devem se acostumar a respeitar quando os outros estão orando.

3. **Variar o estilo de suas orações.** Por exemplo, nas refeições às vezes cantamos um simples cântico de louvor como nosso agradecimento. Ou a família pode citar, cada um por sua vez, algo pelo que é grata. Muitas vezes, esperamos até o final da refeição para orar (quando o agradecimento não é "pela fé", mas "pela vista"!). Mudar de lugar e de postura também ajuda a valorizar a oração. No culto doméstico, temos orado no sofá, na varanda, na cama de uma das crianças, ajoelhados ou ao ar livre.

4. **Orar por missões.** Para seguir a ordem de Jesus — *rogai, pois, ao Senhor da colheita que mande trabalhadores para a sua colheita* (Lc 10:2) —, cremos que a família deve cultivar o hábito de orar por missões. Na copa, onde tomamos as refeições, penduramos

um grande mural de cortiça onde fixamos as fotos de colegas e missionários espalhados ao redor do mundo. Oramos por essas famílias, uma por uma, marcando nosso progresso com um clipe de papel.

5. **Encorajar a oração particular.** Um dos nossos alvos para nossos filhos, além do hábito de leitura da Palavra de Deus, é a oração particular. O exemplo dos pais, é claro, falará muito alto. Nossa caçula, que costumava escapar do seu quarto e ir para a nossa cama de manhã, descobriu que precisava ficar quietinha porque "mamãe estava falando com Jesus". Foi um passo natural para ela também querer ter seu tempo com Jesus. Para esse fim, podemos ensiná-los a orar, seguindo nosso exemplo e, depois, providenciando alguns momentos a sós para falarem com Deus. Novamente, é melhor encorajar o hábito, mas não criar um hipócrita ou legalista.

6. **Ficar sensível às respostas de oração.** Descobrimos que somos muito propensos a PEDIR coisas ao Senhor, mas lentos em AGRADECER pelas respostas recebidas. Já aprendemos a iniciar viagens orando por segurança no caminho; poucas vezes, porém, terminamos essas viagens falando "Obrigado, Senhor, por ter cuidado de nós". Até as orações a que Deus responde "não" devem ser reconhecidas e agradecidas — se de fato oramos no espírito "a tua vontade seja feita" e "em nome de Jesus". Precisamos ensinar nossos filhos a serem gratos pelas orações a que Deus responde "sim", "não" e "espere". Um pequeno caderno de pedidos e respostas de oração tem sido usado por muitas famílias como lembrança da fidelidade de Deus em atender às suas orações.

7. **Aproveitar os momentos oportunos.** Deuteronômio 6 nos faz lembrar a importância de aproveitar todos os momentos do dia para ensinar a nossos filhos a Palavra de Deus. Podemos dizer o mesmo sobre a oração. Refeições familiares oferecem um ótimo laboratório para a oração familiar — mais uma razão por que devemos ressuscitar a quase extinta refeição familiar. Entretanto, não caia no hábito das vãs repetições sobre as quais Jesus nos advertiu (Mt 6:7).

Outra hora em que a oração deve ser feita é antes de dormir. Tanto o pai quanto a mãe, quando possível, devem orar pelo menos ocasionalmente com seus filhos quando eles forem para a cama. Nessas horas, a criança é capaz de revelar suas preocupações mais íntimas e abrir uma janela para o seu coração.

Não se esqueçam de aproveitar outros momentos corriqueiros para experimentar o que Jesus falou aos seus discípulos sobre *o dever de orar sempre* (Lc 18:1). No mesmo espírito, Paulo nos recomenda: *Orai sem cessar* (1Ts 5:17). A ideia é que devemos estar sempre prontos a conversar com Deus — depois de um joelho ralado, durante uma tempestade de raio e trovão, depois de uma disciplina, na véspera do vestibular...

Deus nos deu uma ótima oportunidade de ver sua mão operando mais uma vez no dia a dia um pouco antes de o nosso filho Daniel entrar na escola pública pela primeira vez. Éramos recém-chegados à cidade e Daniel não conhecia ninguém. Ele estava com muito medo. Decidimos orar como família por ele quando ainda faltava um mês para o início das aulas. Em uma questão de dias, ele recebeu um cartão-postal, enviado pela senhora que seria sua nova professora. Ela lhe deu as boas-vindas e descreveu algumas atividades que eles fariam durante um ano muito especial. O cartão vinha da praia onde a professora passava as férias. Ela havia recebido do diretor da escola uma lista dos novos alunos de sua classe e resolveu escrever um simples bilhete de encorajamento. Nunca tivemos uma experiência semelhante, antes nem depois. Fez toda a diferença nas expectativas do Daniel para o ano, mas, acima disso, ensinou a todos nós a importância da oração — especialmente a oração em "estilo familiar".

LIÇÃO 7

Passando o bastão: transmitindo a fé à outra geração

> PRINCÍPIO DE CONSTRUÇÃO
> *O pai que ama a Deus de todo o coração transmite sua fé à outra geração.*

Objetivos do estudo

Como resultado deste estudo, os membros do grupo devem ser capazes de:

- Compreender o processo ordenado por Deus para a transmissão da fé aos seus filhos.
- Avaliar a seriedade com que têm desempenhado a responsabilidade do ensino da Palavra aos filhos.
- Formular uma estratégia pessoal coerente com o mandamento bíblico para a transmissão da fé aos filhos.

Sugestões didáticas:

Como casal, tomem cuidado para não apressar as coisas nesta lição. Tentem implementar pelo menos um plano ainda esta semana para reforçar essa área da vida de vocês, como pais.

Conforme sugerido no final da lição anterior, os que puderem devem levar livros devocionais que possam ser usados pelos pais na instrução espiritual de seus filhos.

Mantenham em vista o equilíbrio bíblico entre treinamento informal (espontâneo) e formal (estruturado). Ambos fazem parte da "vacina" contra a amnésia espiritual receitada em Deuteronômio 6. O chamado "culto doméstico" certamente faz parte desse treinamento e precisa ser resgatado, mas não constitui a única aplicação desta lição.

TERRAPLENAGEM

Concordo/discordo

- MATERIAL NECESSÁRIO: fichas de papel; canetas ou lápis para anotar as respostas.

- PROCEDIMENTO: Alguém deve ler as declarações a seguir e pedir que cada membro do grupo anote um "C" (concordo) ou um "D" (discordo) para cada uma dessas declarações. Todos devem entender que o exercício foi feito para provocar discussão. Há muito espaço para divergência de opinião, especialmente em casos excepcionais ou exceções à regra. No final, deve ser feito um levantamento para saber quantos concordaram ou discordaram de cada declaração e a razão dessa concordância/discordância.

    Todas essas declarações dizem respeito ao "culto doméstico" — o tempo que a família dedica a louvar a Deus e a estudar sua Palavra no contexto do lar.

    1. O culto doméstico deve ser dirigido pelo pai. (C/D)
    2. O culto doméstico deve ser realizado pelo menos cinco vezes por semana. (C/D)
    3. A Bíblia deve ser sempre usada no culto doméstico. (C/D)
    4. É mais importante compartilhar princípios bíblicos informalmente do que realizar o "culto doméstico". (C/D)
    5. O melhor tempo para realizar um culto doméstico é durante uma refeição familiar. (C/D)

FIRMANDO ALICERCES

Compartilhem, como grupo, suas impressões sobre o artigo "Oração em estilo familiar" (p. 103).

(?) Depois de refletir sobre a questão da oração conjugal, compartilhe com o grupo suas impressões sobre o assunto. Algum conceito apresentado na lição anterior chamou sua atenção?

_____
_____
_____
_____

ERGUENDO PAREDES

Se você soubesse que, por não saber nadar, seu filhinho poderia morrer afogado daqui a alguns anos, o que você faria? Tenho certeza de que você o ensinaria a nadar! Colocaria esse filho em aulas de natação, trataria de treiná-lo todos os dias, falaria da importância do uso das mãos, dos braços, dos pés, das pernas e da respiração na natação. Trabalharia dia e noite desenvolvendo perseverança e resistência na água, para que, quando chegasse o momento do perigo, ele estivesse pronto para se sair bem.

Como pais e mães, precisamos estar conscientes de que, dentro de alguns anos, se não fizermos hoje alguma coisa, nossos filhos se afogarão em águas turbulentas. Serão levados pelas ondas do materialismo, jogados na correnteza do secularismo e afogados pelo mundo que rejeita e zomba do colete dos nossos valores bíblicos. Sabendo do perigo, temos de agir. Precisamos fazer tudo que for possível no preparo de nossos filhos para que eles estejam prontos para enfrentar essas águas.

O que fazer então? Cruzar os braços e esperar que alguém faça alguma coisa? Deixar que os filhos "se virem" nas aulas de natação? Talvez pedir que o pastor ou o líder da mocidade "dê um jeito" neles?

Certamente que não. A Palavra de Deus é clara: a nossa responsabilidade como pais é preparar os nossos filhos para as águas turbulentas! Nesta lição, estudaremos em detalhes a transmissão e sobrevivência da fé de geração a geração, baseando-nos no texto clássico de Deuteronômio 6:1-9.

1. Leia Deuteronômio 6:1,2. Note o versículo 2. A quantas gerações são endereçados os mandamentos que o texto apresenta? Por que Deus se preocupa com elas?

_____
_____
_____

Três gerações se encontram aqui: pais, filhos e filhos dos filhos (netos). Deus ama todos e quer que todos tenham um relacionamento íntimo com Ele. A sobrevivência da fé cristã depende da fidelidade dos pais em transmitir sua fé às outras gerações. O sucesso nessa transmissão será medido não pelo fato de os filhos abraçarem a fé recebida dos pais, mas pela capacidade que eles tiverem de transmiti-la a mais uma geração.

2. Leia Deuteronômio 6:4,5. Conforme o versículo 4, o que os pais devem reconhecer, eles mesmos, antes de falar aos filhos sobre o seu amor a Deus?

_____
_____
_____

Em primeiro lugar, os pais precisam reconhecer que Deus é o único Senhor. Há exclusividade em nossa fé. No mundo pós-moderno, em que "tolerância" é chavão, Deus não tolera rivais. Deus não permite que ídolos ocupem o lugar dele no trono do nosso coração (Ez 14:1-3).

(?) Aplicação: Em sua vida familiar, existem áreas que tomam precedência sobre Deus? Que ocupam o centro das suas atenções como família, como se fossem ídolos? Que ídolos você tem visto tirar o lugar de Deus em algumas famílias?

_____
_____
_____
_____

Toda a nossa vida deve girar em torno de Deus! No entanto, Deus não requer simplesmente uma obediência legalista, rotineira e oca. Ele deseja nosso coração, nosso amor. Ele nos fez para termos um relacionamento de devoção, paixão, alegria, espontaneidade e prazer com Ele.

3. Leia Deuteronômio 6:6. À luz da singularidade do nosso Deus e do amor que Ele deseja receber de nós, como esse versículo nos ensina a mostrar nossa devoção a Ele?

_____
_____
_____
_____

A melhor maneira de manifestar nosso amor por Deus é manter paixão por sua Palavra. Assim como namorados ou noivos valorizam tudo o que ouvem o outro dizer quando estão distantes, o povo de Deus trata como preciosa cada palavra que vem dele. O amor manifesta-se pela obediência à Palavra divina guardada no coração, onde sempre estará conosco para ser meditada e praticada.

Note a sequência:

> A singularidade de Deus (exclusividade) leva ao
> amor por esse Deus único (intimidade), que leva à
> paixão pelas palavras dele (conformidade), que culmina na
> transmissão desse amor e paixão para os filhos (continuidade).

4. Leia Deuteronômio 6:7, que descreve COMO os pais devem transmitir seu amor por Deus e sua Palavra para a próxima geração. Veja, a seguir, o sentido de cada expressão do versículo 7. Pense em situações atuais em que o texto se aplicaria:

_____
_____
_____

- **Inculcarás** (ARA) — O verbo "inculcar" implica esforço, preparação e diligência. No Antigo Testamento, ele foi usado para descrever o processo de "afiar" uma flecha. A ideia é de instrução diligente, consistente, coerente, constante, perseverante, que pela repetição faz seu "ponto". Os pais precisam "afiar" a Palavra de Deus, mostrando ao filho sua relevância, para que a mensagem bíblica lhe penetre o coração. O ato de inculcar implica ensino tanto formal quanto informal.
- **Sentado em casa** — A expressão pode sugerir um ensino tanto formal quanto informal, enquanto a família está reunida, talvez durante uma refeição. Os pais aproveitam o momento para ensinar verdades espirituais.
- **Andando pelo caminho** — Mais uma vez, o ensino é informal, natural. Enquanto pais e filhos passeiam, seus pensamentos naturalmente devem se voltar para Deus e sua Palavra.
- **Ao deitar-te** — Muitos acham que, nos últimos momentos do dia, somos mais "ensináveis", ou seja, a mente fértil da criança está mais propensa a captar o que lhe for transmitido.
- **Ao levantar-te** — Os primeiros momentos do dia também são oportunos para a educação espiritual. Tomadas conjuntamente ("ao deitar-te e ao levantar-te") podem representar o dia todo.

A grande ênfase desse texto não é tanto o "culto doméstico" em si, mas o aproveitamento de momentos naturais e espontâneos, que se apresentam muitas vezes todos os dias. Este é o verdadeiro desafio para o pai cristão! Sem o amor profundo a Deus, torna-se quase impossível elaborar essa prática de ensino. O pai que tem Deus em todos os seus pensamentos deve estar constantemente preocupado com a transmissão da fé à próxima geração, em todo momento, pronto para aproveitar cada oportunidade.

5. Você consegue pensar em algumas formas práticas de ensinar a Palavra de Deus de maneira natural e espontânea nas situações mencionadas?

_____

_____

_____

6. **Leia Deuteronômio 6:8,9.** Será que esses versículos devem ser interpretados literalmente? Qual o significado da expressão *como sinal*? Por que *na mão e como faixa na testa*? Por que nos *batentes da tua casa*?

_____

_____

_____

Embora os judeus tenham interpretado o texto de forma literal, parece melhor entendê-lo como se referindo a **símbolos**, ou seja, lembranças visíveis da presença e da Palavra do Senhor. A mão representa o que fazemos, e os olhos, o que vemos. Os umbrais e as portas talvez representem todos os lugares para onde vamos. A Palavra de Deus deve nos acompanhar em todos os momentos do dia. E, se quiserem que seus filhos saibam "nadar" contra a maré do mundo, os pais precisam equipá-los para isso.

7. Você consegue pensar em maneiras práticas de estabelecer "sinais" ou "lembranças" da Palavra de Deus na vida de seus filhos?

_____

_____

_____

8. O que pode ser dito aos pais que, por qualquer motivo, não conseguiram dar uma boa educação espiritual para seus filhos que já cresceram? O que eles podem fazer agora?

_____

_____

_____

Às vezes, gostaríamos muito de voltar o calendário. Podemos sentir remorso por oportunidades perdidas com nossos filhos, ou questionar por que algumas verdades (inclusive do evangelho) chegaram tão tarde até nós. Nessas horas, porém, temos de clamar pela graça de Deus e descansar em sua soberania. NUNCA É TARDE DEMAIS para os pais exercerem uma influência positiva espiritual na vida dos filhos.

No mínimo, esses pais podem orar pelos filhos (Jó 1:5). Podem também pedir perdão pelos erros do passado. Podem fazer o possível para dar bons conselhos bíblicos agora, à medida que os filhos estiverem dispostos a ouvi-los. Podem fazer um esforço para construir pontes e fortalecer uma amizade tal com os filhos que lhes abra a porta para, mais tarde, levá-los a Cristo. E podem procurar oportunidades para ministrar na vida de seus netos e outras famílias.

Conclusão

Uma mensagem para os pais:

Saibam que seu filho pode morrer afogado nas águas revoltas do mundo. As correntezas são cada vez mais fortes. A sociedade não é a mesma de quando vocês eram crianças. Não adianta esperar que a igreja jogue uma boia salva-vidas de última hora para resgatar seu filho. A igreja tem um papel muito importante, mas oportunidades limitadas para investir em seu filho. Deus dá aos pais o tempo suficiente para treinar o próprio filho a nadar. Cercá-lo com o ensino da Palavra de Deus é sinal de sabedoria dos pais. Viver uma vida íntegra diante dele é investimento para a sua vida cristã futura.

Talvez você já tenha um filho sendo levado pela correnteza. Talvez seja culpa sua, talvez não. O mais importante agora é que, mesmo que seu filho não ouça mais seus conselhos, você aproveite o tempo que ainda há para orar por ele e, se for necessário, pedir perdão pelos erros do passado.

Acima de tudo, devemos lembrar que:

> O pai que ama a Deus de todo o coração
> transmite sua fé à outra geração.

INSPECIONANDO A CONSTRUÇÃO

Leia o artigo "Dinamizando o devocional na família" (p. 116).

Veja a lista a seguir: "Ideias para promover o culto doméstico na igreja". Será que você, alguém do seu grupo ou talvez sua classe de EBD poderia promover uma campanha na sua igreja, adotando uma ou mais dessas sugestões?

Ideias para promover o culto doméstico na igreja[1]

1. Promover uma conferência sobre "Vida espiritual no lar" e incluir palestras, painéis, perguntas e respostas, seminários e dramatizações sobre o treinamento bíblico no lar.
2. Escrever pastorais e/ou incluir dicas e ideias criativas sobre o culto doméstico no boletim ou jornal da igreja.
3. Promover concursos de leitura bíblica entre as famílias.
4. Publicar guias devocionais para serem usados pelas famílias (leitura da Bíblia, seleções semanais que acompanham a mensagem de domingo etc.).
5. Comprar revistas devocionais e ofertá-las às famílias, para serem usadas no culto doméstico.
6. Sugerir livros devocionais para as famílias comprarem (talvez um "Momento do livro" no culto possa servir de incentivo à leitura).

---

[1] Uma ferramenta que talvez seja útil: MERKH, David e Carol Sue. *101 ideias criativas para o culto doméstico*. São Paulo: Hagnos, 2003.

7. Montar uma biblioteca de recursos para o culto doméstico, para que as famílias da igreja possam ter acesso aos livros.
8. Dramatizar um culto doméstico "típico" durante uma reunião especial.
9. Incluir o tópico "Crescimento espiritual na família" no aconselhamento pré-nupcial.
10. Iniciar um grupo de apoio para líderes de famílias que ofereça recursos, ideias e prestação de contas sobre o treinamento espiritual nos lares.

Acabamento

[?] **Leia Salmo 78:1-8.** Qual a responsabilidade dos pais destacada pelo salmista? Qual o propósito da instrução espiritual no lar? Qual o resultado disso?

_____
_____
_____

DINAMIZANDO O DEVOCIONAL NA FAMÍLIA

Faltavam apenas dez minutos para o final do jogo quando o técnico do nosso time decidiu que alguns dos jogadores mais novos precisavam ainda de mais experiência. Eu havia acabado de entrar em campo e saltei o mais alto que pude, numa disputa de bola com o adversário. Inexperiente, ao invés de cair em pé, retornei ao planeta Terra pela extremidade oposta. Recordo-me apenas vagamente do que aconteceu nos momentos seguintes. Quando acordei, eu não me lembrava de onde estávamos e, pior ainda, mais tarde descobri com embaraço que minha alegria pela nossa "vitória" não era nada apropriada — havíamos perdido o jogo por quatro a zero. Eu me tornara vítima da amnésia.

Qualquer pessoa que tenha experimentado um período de amnésia conhece a sensação desconcertante de acordar de repente e perceber que uma parte de sua vida foi apagada da memória. Que tragédia! Contudo, uma tragédia ainda maior persegue hoje inúmeras famílias cristãs. Acreditando-se vencedoras, descobrem que estão prestes a perder a batalha pela preservação da lembrança mais preciosa de um legado espiritual. A amnésia espiritual apaga da nossa mente a lembrança de Deus.

Identificamos um padrão que parece se repetir com certa frequência entre as famílias cristãs:

- A primeira geração conheceu a Deus.
- A segunda geração conheceu fatos acerca de Deus.
- A terceira geração não conheceu a Deus.

O desvio da fé por parte dos filhos não começou com a chegada da televisão, do *rock-'n'-roll* ou das drogas. Há quatro mil anos, por inspiração divina, Moisés previu o problema e deu o seguinte aviso ao povo de Israel: *Quando o* SENHOR, *teu Deus, te estabelecer na terra que prometeu te dar, em juramento feito a teus pais [...] quando comeres e te fartares; cuidado para não te esqueceres do* SENHOR, *que te tirou da terra do Egito, da casa da escravidão* (Dt 6:10-12).

O perigo de então é o perigo de agora. As pessoas **naturalmente** se esquecem do Senhor. O vírus da prosperidade amortece os sentidos e provoca a amnésia espiritual. A maior ameaça dessa enfermidade é a sutileza com que ela contamina o homem. Quem iria imaginar que os filhos e netos da comunidade que passou pelo deserto abandonariam o Senhor que os havia tirado do Egito? No decorrer de uma geração apenas, o povo de Israel esqueceu-se do seu Deus. Em Juízes 2, está registrado que aquela geração que havia visto todos os feitos grandiosos de Deus em favor de Israel serviu a Ele, mas *surgiu outra geração que não conhecia o* SENHOR, *nem o que ele havia feito por Israel* (Jz 2:10).

Será que o esquecimento vem da noite para o dia? Dificilmente. A negligência dos pais em transmitir à geração seguinte as palavras e os feitos de Deus cria um contexto favorável à amnésia espiritual. Como pais, deveríamos ficar profundamente sensibilizados e preocupados diante do fracasso de Israel. Se os filhos daqueles que tiveram tantas experiências marcantes com Deus esqueceram-se dele, como os nossos filhos escaparão de se esquecer do Senhor? Como alcançaremos vitória sobre a amnésia espiritual que eles podem sofrer?

O tratamento preventivo consiste em tomar vacinas — injeções da Palavra de Deus recebidas dentro do lar. Deuteronômio 6:4-9 prescreve que a sua Palavra e a lembrança dos seus feitos dominem de tal forma a vida dos crentes que seus pensamentos e palavras **naturalmente** se voltem para o Senhor durante o dia todo. O cristianismo do "um ao dia" — uma breve oração antes das refeições, uma leitura bíblica diária ou até mesmo a frequência regular ao culto do domingo — não é em si suficiente para deter a imensa onda de pressão que incita os jovens a abandonarem a fé. Deus pede mais do que um interesse ritualista em sua Palavra. Sua receita prescreve um interesse vivo na pessoa dele e requer espontaneidade e criatividade, além de exercício na piedade.

Como aplicar estas orientações em nosso lar?

A instrução familiar deve ocorrer com o objetivo de desenvolver em nossos filhos o amor a Deus (v. 5), prevalecendo sempre a qualidade, e não necessariamente a quantidade. O tédio é um hóspede indesejado no devocional da família.

O amor a Deus cresce pelo conhecimento da sua Palavra (v. 6). Já que conhecer os mandamentos de Deus é um pré-requisito para obedecer a eles, a instrução familiar deve oferecer tanto conteúdo como aplicação.

O conhecimento da Palavra de Deus acontece quando os pais a ensinam a seus filhos com diligência (v. 7). O método divino para o treinamento de homens e mulheres piedosos começa no "seminário do lar". A Escola Bíblica Dominical, os clubes bíblicos, as escolas evangélicas, os acampamentos e ainda outros programas podem suplementar o treinamento doméstico, mas nunca substituí-lo. Deus entrega primeiramente aos pais a responsabilidade de passar adiante o legado da fé cristã.

A família precisa estar tão envolvida com Deus que os pensamentos e conversas se voltem naturalmente para Ele durante o dia inteiro. Conforme o versículo 7, há duas ocasiões especialmente propícias ao treinamento espiritual:

1. **A qualquer hora** — A instrução não deve ficar limitada a um devocional após o café da manhã ou a uma história antes de dormir. Até mesmo os momentos mais rotineiros da vida — quando você se "assenta em casa e quando anda pelo caminho" — oferecem ocasiões para reflexão devocional espontânea e criativa. Por exemplo, as formigas que carregam suas migalhas podem estimular uma discussão sobre a diligência (Pv 6:6-8). A descoberta de um cãozinho perdido pode ser oportunidade para uma conversa sobre a alegria que Deus sente na salvação de pecadores perdidos (Lc 15).

2. **Nas horas mais favoráveis ao ensino** — Os teóricos do aprendizado confirmam aquilo que estudantes vêm percebendo há anos: os últimos pensamentos da noite costumam ser os primeiros da manhã, e os primeiros pensamentos da manhã ecoam na mente durante o restante do dia. Deus pede para si esses momentos do dia especialmente apropriados para o treinamento formal e informal. Os pais que querem combater a amnésia espiritual em seus filhos devem iniciar e terminar cada dia falando do SENHOR, além de fazer todo o esforço para preencher o dia com reflexão espontânea sobre a sua Palavra.

A família precisa se fazer cercar de recordações constantes da Palavra de Deus (v. 8,9). Os fariseus consideravam tão literalmente essas ordens que seus filactérios (pequenas caixas contendo versículos bíblicos, fixadas junto à testa ou ao braço esquerdo) se tornaram símbolos reais entre os judeus — símbolos de hipocrisia, e não de piedade. É claro que o fracasso dos fariseus não significa que devemos rejeitar a aplicação prática desses versículos. Pelo contrário, pais crentes deveriam estar preocupados em verificar, por exemplo, o que ocupa a parede dos quartos dos seus filhos ou as mídias sociais que mantêm — bons indicadores da temperatura espiritual da família.

Algumas sugestões práticas:

1. **Seja criativo e flexível.** Certamente não queremos ser ingênuos "barateando" a Palavra de Deus. Mas não há nada de espiritual em tornar a leitura bíblica uma coisa enfadonha para nossos filhos. O devocional na família exige criatividade — aquela criatividade que vem do próprio Deus, de quem fomos criados à imagem e semelhança. Para serem equilibrados e criativos, os pais devem ser flexíveis ao elaborar os planos para o devocional, atentos no aproveitamento das oportunidades especiais e mesmo inesperadas.

2. **Seja breve.** Em termos gerais, quando os filhos são pequenos, o devocional no lar deve durar de 5 a 10 minutos. Se determinada ocasião ou ambiente forem especialmente propícios, é possível estendê-lo por mais tempo, mas deve ser uma exceção, e não a regra.

3. **Seja informal.** Por anos, a expressão "culto doméstico" tem assustado, desnecessariamente, alguns pais. O culto doméstico não deve ser uma miniatura do culto público, formal, litúrgico, muito menos algo frio. A adoração familiar deve ser viva e, como diz Deuteronômio 6:4-9, espontânea e natural. Ninguém ganha pontos com Deus pela formalidade. Em nossa casa, nada se compara ao espírito de união que experimentamos ao nos acomodarmos no sofá com nossas crianças no colo, de pijamas, para juntos cantar, orar e ler a Palavra de Deus!

4. **Seja ilustrativo.** Quem dirige o devocional na família deve fazer uso de material audiovisual, dramatizações, ilustrações, histórias e outras técnicas para tornar vivas as verdades bíblicas. É fato comprovado que aprendemos muito melhor quando participamos do estudo bíblico com TODOS os sentidos, e não somente com a audição. O próprio Senhor Jesus não ensinava nada aos seus discípulos sem contar uma história (Mt 13:34)! Se a repetição é a mãe da aprendizagem, o uso de ilustrações cativantes deve ser o pai!

5. Seja prático. Um dos erros mais comuns no tempo devocional da família é a preocupação excessiva com o conteúdo e deficiente com a aplicação. Em outras palavras, os pais ficam satisfeitos quando enchem o cérebro da criança com informações sobre a Bíblia e se esquecem de lhe atingir o coração para promover nele mudança de vida. O devocional bem-sucedido nunca termina antes de os pais descobrirem pelo menos uma aplicação prática para a vida de cada membro da família. Alguma mudança concreta em vidas deve ser o alvo de todo estudo bíblico: *Sede praticantes da palavra e não somente ouvintes...* (Tg 1:22).

O doutor Howard Hendricks conta a história do pregador inglês Richard Baxter. Durante três anos, esse homem altamente capacitado por Deus pregou de todo o coração a um povo rico e sofisticado, mas sem resultados visíveis. Finalmente, Baxter clamou a Deus: "Senhor, faze algo por este povo ou então eu morro". Conforme relato do próprio pregador, foi como se Deus tivesse respondido em voz bem alta: "Baxter, você está trabalhando no lugar errado. Está esperando que o avivamento venha por meio da igreja. Tente pelo lar". Baxter começou a visitar os lares, ajudando famílias a construírem o "altar familiar", até que o Espírito Santo ateou fogo naquela congregação e fez dela uma igreja forte.

Em nossos dias, andamos preocupados com "avivamento" e "reavivamento". No entanto, será que estamos esperando que a igreja faça aquilo que deve ter início no lar? Será que estamos trabalhando no lugar errado, como se uma "experiência emocional" resultasse em espiritualidade instantânea em nossa vida? Ou será que o verdadeiro avivamento virá por meio do esforço de pais dedicados ao treinamento espiritual dos filhos no contexto do lar? O pai que ama a Deus de todo o coração transmite sua fé à próxima geração. Que Deus nos dê pais comprometidos em promover um avivamento que comece no lar cristão e daí se espalhe para toda a igreja brasileira, chegando até os confins da terra. É a única maneira que temos de evitar a "amnésia espiritual".

LIÇÃO 8

A quem honra, honra

> Princípio de construção
>
> *Deus põe os pais como autoridades para que ensinem os filhos a respeitar e honrar as pessoas em posição de autoridade!*

■ Objetivos do estudo

Como resultado deste estudo, os membros do grupo devem ser capazes de:

- Entender a seriedade dos mandamentos bíblicos que ordenam aos filhos honrar os pais.
- Estar cientes de que os pais foram colocados por Deus como pessoas com autoridade na vida dos filhos.
- Descobrir como ensinar os filhos a mostrar respeito e honra a eles, como pais, sem que caiam no autoritarismo.

Sugestões didáticas:

1. Tenha cuidado para que a dinâmica "Centro de calor humano" não seja demorada demais. Cada participante deve utilizar, no máximo, dois minutos para responder às proposições sugeridas na terraplenagem.

2. Embora a ênfase desta lição esteja nos filhos dos membros do grupo, ela pode ser aplicada ao relacionamento de cada um

com seus pais. Todos no grupo devem reconhecer que, mesmo já tendo filhos, continuam com a responsabilidade de honrar os próprios pais, além de esperar receber a devida honra dos filhos.

3. Que tal dedicar o tempo de oração no início do encontro às necessidades dos pais daqueles que fazem parte do grupo?

4. Para a próxima lição, os membros devem trazer um objeto que sirva como "lembrança em miniatura da fidelidade de Deus" em sua vida. Esse *souvenir* deve representar um momento em que Deus os livrou de um acidente ou de uma doença, providenciou um emprego ou supriu outras necessidades pessoais ou familiares. Em um ou dois minutos, devem descrever o fato e como o objeto faz com que se lembrem dele.

TERRAPLENAGEM

Centro de calor humano

- PROCEDIMENTO: O propósito desse exercício é provocar, nos membros do grupo, lembranças de sua infância e ao mesmo tempo encorajar maior intimidade entre eles. Cada um deve compartilhar a resposta dada a UMA das proposições a seguir:

(?) Descreva a sua vida quando estava na terceira série do ensino fundamental. Como você ia para a escola? Qual era a sua matéria predileta e por quê? Como era sua professora? Quem era seu melhor amigo? O que você gostava de fazer depois das aulas?

_____
_____
_____

(?) Compartilhe as lembranças que você tem do avô ou da avó que lhe era mais próximo(a). O que você mais gostava nele(a)?

O que faziam juntos(as)? O que primeiro vem à sua mente quando você se lembra dele(a)?

_____
_____
_____

(?) Quando você estava no ensino fundamental, qual era o centro de calor humano em sua casa? Para quem você abria o coração? Por quê? Descreva essa pessoa.

_____
_____
_____
_____

FIRMANDO ALICERCES

Compartilhe suas reações diante da leitura do artigo "Dinamizando o devocional na família" (p. 116).

_____
_____
_____

(?) Alguém do seu grupo se preocupou em promover uma campanha de culto doméstico na sua igreja? O que pretende que seja feito? Como? Quando?

_____
_____
_____

ERGUENDO PAREDES

A falta de obediência aos pais e a negligência em honrá-los são características dos filhos nestes últimos tempos (2Tm 3:2). Em Romanos 1:30-32, Paulo alista uma série de pecados que caracterizam uma "disposição mental reprovável" e inclui indivíduos *orgulhosos, arrogantes,* [...] *desobedientes aos pais;* [...] *sem afeto natural, sem misericórdia...* O apóstolo diz que esses pecados são passíveis de morte.

Atualmente, encontramos filhos processando os pais, acusando-os de serem a causa de todo tipo de neurose, psicose, esquizofrenia e muito mais. Vemos filhos matando os pais, pais matando os filhos, e pastores, conselheiros e psicoterapeutas sendo inundados por pedidos para socorrer a família.

Não negamos a existência de problemas sérios causados por pais abusivos. Casos de incesto, crianças espancadas, maus-tratos, abuso emocional, infidelidade e divórcio dos pais — tudo isso pode provocar consequências graves na vida dos filhos. Entretanto, parece que a nossa sociedade levou o pêndulo ao extremo — honrar os pais é algo tão raro, enquanto culpá-los parece estar na moda.

Ao mesmo tempo que temos de lidar com os pecados dos pais no nosso passado, precisamos resgatar um ensino bíblico dos mais claros e diretos nas Escrituras: *Filhos, sede obedientes a vossos pais* (Ef 6:1).

1. **Leia Efésios 6:1-3.** Depois, olhe para o contexto desses versículos em Efésios 5:18. Honra e obediência são evidências de uma vida controlada por quem? Você diria que os filhos naturalmente honram e obedecem aos seus pais?

   _____
   _____
   _____
   _____

Honra e obediência revelam uma vida controlada pelo Espírito Santo. São características sobrenaturais, produzidas na vida de um filho de Deus habitado e controlado pelo Espírito, em conjunto com o ensino da Palavra de Deus (veja o texto paralelo em Cl 3:16).

Quando Deus dá uma ordem uma única vez, devemos ouvi-Lo com cuidado. Quando Ele fala duas vezes, sabemos que o assunto é importante. Se Ele falar três vezes, somente um tolo não dará ouvidos à sua voz. A ordem de honrar os pais repete-se não menos de NOVE VEZES na Palavra de Deus.

2. Dividam-se em grupos de três ou quatro pessoas. Cada grupo deve ler e fazer algumas observações sobre três dos textos a seguir, para depois dar um relatório das suas descobertas: Qual a ordem explícita ou implícita em cada texto? À luz desses textos, que observações vocês podem fazer sobre a importância de obedecer e honrar aos pais?

Texto	Ordem	Observações
Êx 20:12		
Dt 5:16		
Ml 1:6		
Mt 15:4		
Mt 19:19		
Mc 7:10		
Mc 10:19		
Lc 18:20		
Ef 6:2		

3. Em sua opinião, por que Deus dá tanta ênfase a essa ordem? No esquema maior do universo, o que significa honrar os pais? **Leia 1Pedro 2:13-15.**

_____
_____
_____

Submissão e honra às autoridades que DEUS colocou em nossa vida representam submissão à autoridade divina. Os pais são colocados por Deus nessa posição. Rebeldia contra eles significa insatisfação com o plano de Deus e rebeldia contra o Senhor.

4. Provérbios 30:11 declara a triste realidade vista tão comumente nos dias atuais: Há quem amaldiçoa o pai e não abençoa a mãe. No Antigo Testamento, o que aconteceria se os filhos NÃO honrassem seus pais? Veja estes versículos:

Levítico 20:9

_____
_____
_____

Deuteronômio 21:18-21

_____
_____
_____

Provérbios 20:20

_____
_____
_____

Provérbios 30:17

_____

_____

_____

_____

Não temos nenhum exemplo de que, por rebeldia, a pena de morte tenha sido praticada pelos judeus nos tempos antigos. No entanto, a seriedade com que Deus considera o desrespeito aos pais é chocante, especialmente à luz da leviandade com que é tratado hoje.

5. Como grupo, façam uma "tempestade cerebral". Procurem listar maneiras pelas quais vocês têm visto crianças (ou até mesmo adultos) desonrarem seus pais:

_____

_____

_____

_____

6. Agora, procurem listar ideias práticas e criativas pelas quais filhos (mesmo filhos adultos) poderiam honrar seus pais:

_____

_____

_____

_____

7. Se os filhos nascem "tortos", com estultícia no coração, de quem deve ser a responsabilidade de ensiná-los a honrar e respeitar os pais? Quem deve insistir com eles a esse respeito? Como conseguir isso?

_____

_____

_____

_____

Precisamos ressaltar que o papel de pai é ser PAI. A responsabilidade de ensinar os filhos é sempre dos dois: do pai e da mãe. Por meio da palavra e do exemplo, os pais precisam ensinar os filhos a honrá-los e respeitá-los. Não devem permitir que usem de desconsideração para com eles, batam neles, zombem deles e gritem com eles, desobedeçam ou os tratem como se fossem colegas.

8. Que conselhos você daria para um adulto que acha que seus pais não são dignos de honra? Ele deve honrá-los por dever, mesmo tendo mágoa deles? Como? Por quê?

_____
_____
_____
_____

Filhos de pais que muitas vezes, por suas atitudes e ações, não se mostraram dignos de respeito ainda têm o dever de honrá-los. A ordem bíblica não apresenta condições ou exceções. Os filhos têm de prestar honra, não por mérito dos pais, mas pela posição que Deus lhes concede. Nessa condição, talvez o filho precise primeiro passar pelo processo de perdoar os pais ou de confrontá-los respeitosamente. De qualquer forma, maneiras dignas de respeitá-los, sem que seja preciso fazer "vista grossa" a possíveis pecados, devem ser procuradas pelos filhos.

INSPECIONANDO A CONSTRUÇÃO

? Leia o artigo "A quem honra, honra" (p. 130). Você tem honrado seus pais? Seu exemplo está ajudando seus filhos a saberem dedicar-lhe a devida consideração e honra?

_____
_____
_____

Se seus pais ainda são vivos, selecione uma das sugestões apresentadas no artigo "A quem honra, honra" ou escolha outra forma de demonstrar seu respeito e amor por eles durante esta semana. Relate para o grupo o que você fez e qual a reação de seus pais. Se eles não são vivos, ou se seria difícil você se encontrar com eles, que tal pôr em prática um dos princípios expostos nesta lição? Esteja pronto para explicar o que você fez.

ACABAMENTO

? Faça um estudo comparando 1Timóteo 5:3,4 e Mateus 15:1-9. De acordo com esses textos, qual é a forma prática pela qual Deus espera que filhos honrem seus pais? O que Ele diz sobre pessoas que negligenciam essa responsabilidade? Por quê?

_____

_____

_____

A QUEM HONRA, HONRA

Um dos contos dos irmãos Grimm narra a história de uma viúva que foi morar com o filho, a nora e a netinha. Cada dia que se passava, a vista e a audição da senhora pioravam. Às vezes, durante as refeições em família, suas mãos tremiam tanto que a sopa caía da colher e os legumes caíam do garfo. O filho e a nora ficavam irritados com a sujeira feita na mesa de jantar. Certo dia, depois que ela derrubou um copo de suco, o filho falou para a esposa: "Basta!"

Arrumaram uma pequena mesa para a velhinha na cozinha, no canto perto da lavanderia, e mandaram que ela fizesse as refeições ali. Sozinha, ela olhava com lágrimas para os outros que comiam à mesa. Às vezes, eles conversavam com ela enquanto comiam, mas geralmente era para corrigi-la por ter deixado cair um prato ou um garfo.

Uma noite, antes do jantar, a filha do casal estava ocupada, brincando no chão com blocos, e o pai lhe perguntou o que ela estava fazendo. "Estou construindo a minha casa", respondeu a menina. "Mas o que é aquele bloco lá fora?", perguntou o pai. "Esta é uma mesinha para o senhor e para a mamãe", ela respondeu sorridente, "para que vocês possam comer sozinhos no canto da minha casa quando eu crescer".

Os pais olharam para ela durante algum tempo e, de repente, começaram a chorar. Nessa noite, trouxeram de volta a vovó para o lugar dela à mesa. Depois disso, ela comia todas as refeições com a família, e seu filho e sua nora não se preocupavam mais quando ela derrubava algo de vez em quando.

Esse conto nos faz lembrar um mandamento bíblico muitas vezes entregue às crianças, mas raramente passado para jovens e adultos: "Filhos, honrai vossos pais". Esta é uma mensagem de que precisamos mais do que nunca!

Como honrar os pais? O que isso significa? O que não significa? Vamos responder a essas e outras perguntas.

O que significa honrar?

"Honrar os pais" é o quinto dos dez mandamentos dados por Deus a Moisés e ao povo de Israel. Os dez mandamentos dividem-se em dois grupos: os que definem o relacionamento entre o homem e Deus (mandamentos 1 a 4) e os que definem o relacionamento entre um homem e outro homem (6 a 10). O primeiro grupo reflete o mandamento: *Amarás o Senhor teu Deus*, enquanto o segundo grupo destaca a ordem *Amarás o teu próximo como a ti mesmo*. O problema é justamente onde colocar o quinto mandamento, *Honra teu pai e tua mãe*. Parece que Deus o colocou em um lugar estratégico, no meio das duas colunas, pois de fato esse mandamento serve como ponte entre as duas tábuas da lei.

É fácil encaixar esse mandamento na segunda coluna, refletindo o relacionamento de homem com homem. Em que sentido, porém, ele reflete o relacionamento do homem com Deus? A resposta vem quando consideramos o valor que Deus dá às estruturas de autoridade. A Palavra de Deus deixa muito claro que Ele constitui autoridades humanas para servirem em seu lugar como seus representantes aqui na terra. Maridos, pais e governantes são representantes do reino de Deus e, por isso, devem ser respeitados. Veja o que diz Levítico 19:3: *Cada um de vós respeitará sua mãe e seu pai [...]. Eu sou o SENHOR vosso Deus.* O respeito manifesta-se na maneira como falamos sobre eles, na atitude com que os tratamos, e na submissão e obediência que lhes dedicamos quando estamos sob sua direção. Quem rejeita esses governantes não rejeita os homens, mas, sim, a Deus! Respeitando-os, expressamos nosso amor a Deus.

É interessante notar o que o texto não diz. Ele não fala que devemos apenas honrar os pais que são crentes ou que nos tratam bem. A honra pertence tanto aos pais fiéis quanto aos pais que podem ser considerados ímpios; tanto a pais "ruins" quanto a pais "nota dez". A honra lhes pertence, não por mérito, mas por posição.

O versículo também não coloca limites temporais no ato de honrar os pais. Sabemos que a obediência aos pais não é mais exigida quando o homem ou a mulher saem de casa para formar um novo lar (Gn 2:24). No entanto, nada na Palavra indica que a honra tem prazo de validade. Os pais que esperam receber honra de seus filhos devem também honrar os próprios pais!

Certamente, será bem mais difícil honrar alguns pais do que outros. Especialmente se o relacionamento entre pais e filhos, no passado, foi conturbado e triste. Algumas pessoas terão de lidar com seu passado para poder respeitar biblicamente seus pais. Terão de reconhecer a soberania de Deus, que permitiu que permanecessem NAQUELE lar com AQUELES pais (Gn 50:20); terão de praticar o perdão bíblico, mesmo que os pais nunca peçam perdão (Ef 4:31,32); talvez tenham de confrontar, com muita sabedoria e respeito, os problemas do passado (Mt 18:15). Todos, porém, precisam se lembrar de que a honra é um dever que Deus requer de todos, como ato de submissão à sua autoridade e soberania.

Para que honrar?

As Escrituras apresentam pelo menos duas razões por que os filhos devem honrar os pais:

1. Por ser este o *primeiro mandamento com promessa*
A centralidade desse mandamento está refletida no fato de ele vir acompanhado de uma promessa. Embora outros dos primeiros quatro mandamentos incluam uma espécie de ameaça e/ou condição, esse é o primeiro que oferece um incentivo muito especial: *... para que tenhas vida longa na terra que o* SENHOR *teu Deus te dá* (Êx 20:12b). Em Efésios, é assim que Paulo destaca essa promessa: *... para que vivas bem e tenhas vida longa sobre a terra* (Ef 6:3).

Há muitas explicações sobre essa promessa. No contexto de Israel, sob a Aliança Palestiniana, ela servia como plataforma social, sobre a qual a sociedade judaica se construiria. Por intermédio do "reavivamento" no relacionamento pai/filho, o povo de Israel se estabeleceria na terra prometida. Implícito aqui está o princípio de que, quando o povo de Deus respeita as autoridades estabelecidas por Ele, a sociedade é bem-sucedida. (Talvez seja a falta de respeito às autoridades uma das razões da falência em que se encontra a sociedade moderna — em 2Tm 3:1,2, Paulo diz ser esse um dos sinais dos últimos tempos.)

Como entender esse princípio no nosso contexto? Em primeiro lugar, não podemos considerar essa uma promessa individual e incondicional (i.e., que não admite exceções). Todos nós conhecemos ou já ouvimos falar a respeito de crianças obedientes e respeitosas que morreram de leucemia ou algum acidente de trânsito.

Paulo está dizendo que existe um "guarda-chuva" de segurança no sentido genérico, não somente para a nação, mas também para o indivíduo. Esse guarda-chuva chama-se "Honra aos pais". Não quer dizer que nada de mau pode acontecer debaixo dele (veja o que aconteceu com Jó!), ou que o filho respeitoso automaticamente terá uma vida longa. O princípio divino é que, em termos gerais e comparativos, há mais segurança debaixo do guarda-chuva do que longe dele.

Quem ensina o filho acerca de respeito e honra? Essa responsabilidade é dos pais. O filho nasce com tolice no coração (Pv 22:15). Por questão de natureza, ele desobedece e se rebela contra autoridades. O pai tem de chegar cedo para pôr seu filho sob o guarda-chuva da autoridade paterna e mantê-lo aí. Se não, estará permitindo que seu filho seja exposto a grandes riscos, até de vida!

2. Para ter *vida longa sobre a terra*

Mas o princípio desse versículo tem outra aplicação para nós. O bem-estar da comunidade da fé baseia-se no bem-estar do lar! Antigamente, jovens rebeldes foram afastados da comunidade para não a contaminar (Dt 21:18). A *vida longa sobre a terra* oferecida aos que honram os pais fala da influência que o povo de Israel teria no mundo, como nação de sacerdotes (Êx 19:6). Hoje, fala da influência da família na igreja, impactando sua vizinhança, comunidade, sociedade e nação, por muitas gerações. Em outras palavras, a honra aos pais fará parte de um testemunho diante do mundo que influenciará muitas pessoas para o reino de Deus. Esse legado de honra será transmitido de geração a geração. Famílias serão fortes quando os filhos honrarem seus pais. Famílias fortes significam igrejas fortes. Igrejas fortes criam sociedades fortes. A honra aos pais inicia um ciclo não vicioso, mas virtuoso!

Como honrar os pais?

Podemos traçar algumas formas práticas pelas quais os filhos devem honrar os pais. Aos pais, cabem aqui duas perguntas:

- De que maneira tenho tratado meus pais?
- Será que meu filho está vendo em mim o exemplo da maneira pela qual devo ser tratado?

1. Obedecer. Obediência aos pais é a primeira maneira de honrá-los (Ef 6:1). Como veremos mais adiante, a obediência estabelecida na Bíblia é imediata, inteira e interior. Este é o padrão exigido por Deus e deve ser exigido pelos pais. Obediência é uma forma inicial de honrar, que permanece em vigor somente até que Deus estabeleça um novo núcleo familiar (Gn 2:24).

2. Respeitar. O pai que tem filhos que o respeitam pode enfrentar qualquer inimigo sem que os filhos o envergonhem (Sl 127:5; Pv 27:11). Respeito deve-se ao pai e à mãe pela posição que ocupam no plano divino, independentemente do seu merecimento e da sua dignidade. Pedro exigia esse tipo de atitude diante de governantes — não porque fossem merecedores, mas porque foram colocados por DEUS em posição de autoridade; e ainda mesmo diante de governantes ímpios e maus (1Pe 2:13-15).

Os filhos precisam saber que o importante não é tanto sua intenção, mas sua ação. O que importa é que os pais se sintam honrados, e não desrespeitados. Alguns exemplos práticos nos ajudam:

- Os filhos nunca devem elevar a voz para os pais, muito menos bater neles, mordê-los, bater portas, arregalar os olhos ou discutir com os pais.
- Os filhos não devem ter a pretensão de ensinar seus pais a serem pais. O filho que tenta agir assim torna-se sábio aos próprios olhos (Pv 3:7). (Mark Twain declarou certa vez: "Quando eu era jovem, com 18 anos, pensei que meu pai fosse o maior tolo do mundo. Quando eu fiz 21 anos, depois de ter experimentado um pouco mais da vida, fiquei impressionado com o quanto meu pai havia aprendido em três anos".)
- Os filhos não devem tratar seus pais como colegas ou "amigões". Chamar os pais pelo primeiro nome, exigir direitos, falar de forma áspera desonra os pais.
- Uma boa ideia seria ensinar seus filhos a se levantarem na presença dos pais e dos mais velhos (Lv 19:32). Filhos que nem se importam quando veem o pai ou a mãe chegar do serviço, não desviam os olhos da TV ou do *video game*, acabam por desrespeitá-los.
- Os filhos sempre devem falar com respeito na presença dos pais e nunca ridicularizá-los ou zombar deles (Pv 30:17).
- Filhos que buscam o conselho dos seus pais prestam-lhes grande honra. Decisões sobre escola, carreira, namoro, noivado e casamento devem contar com a sabedoria daqueles que melhor conhecem os filhos. Mesmo como adultos, os filhos podem consultar os pais em situações difíceis, assim mostrando-lhes grande honra.

3. Agradecer. Talvez a maneira mais simples de honrar os pais seja simplesmente expressar gratidão a eles pelo que representam em sua vida. Mesmo que seu passado tenha sido sofrido, certamente existem áreas pelas quais você pode mostrar sua gratidão aos pais. Um telefonema, uma carta, um *e-mail*, uma mensagem por mídia social, um poema ou uma música, uma placa, um convite para almoçar fora — todas essas são maneiras de dizer: "Papai, mamãe, muito obrigado pelo que fizeram por mim".

4. Retribuir. Uma forma prática de honrar os pais é retribuir-lhes com o sustento e o cuidado na sua velhice. Essa foi a atitude exigida dos cristãos no primeiro século (e de nós) antes de uma viúva passar a ser sustentada pela igreja (1Tm 5:3,4). Todos nós conhecemos pessoas que fizeram grande sacrifício para cuidar dos seus pais nos últimos anos da vida deles. Que exemplo bonito de honra!

Outra maneira de retribuir um pouco pelo muito que os pais fizeram por nós são as celebrações especiais. Cabe aos filhos honrar os pais em grandes momentos de sua vida, como em aniversários de casamento e nascimento. Festas especiais, lembranças, presentes e viagens pagas pelos filhos podem encher seus pais de alegria. (É interessante notar como os campeões de hipocrisia nos dias de Jesus — os fariseus — inventaram os próprios mandamentos justamente para não terem de honrar seus pais e cuidar deles. Jesus endereçou suas condenações mais severas para pessoas como eles — Mt 15:3-9.)

Conclusão

Você se lembra da história da vovó que comia no canto da cozinha? Cabe a nós, como pais, nos perguntar: "Que tipo de mesa estamos preparando para nossos pais?" Uma mesinha de desonra e marginalização no canto da cozinha ou um banquete de honra e gratidão por tudo que têm feito por nós? Que tipo de legado estamos deixando para nossos filhos? Será um dever pesado para eles nos honrarem, ou isso eles farão por devoção? Para o nosso bem e para o bem deles, lembremo-nos de que Deus abençoa os que abençoam seus pais.

LIÇÃO 9

O legado familiar

> PRINCÍPIO DE CONSTRUÇÃO
>
> *Memoriais da fidelidade de Deus no passado nos encorajam no presente avançar para o futuro.*

▪ Objetivos do estudo

Como resultado deste estudo, os membros do grupo devem ser capazes de:

- Identificar a importância da transmissão de um legado espiritual para os filhos.
- Definir o termo "memorial" e dar exemplos bíblicos e práticos de memoriais da fidelidade de Deus.
- Implementar pelo menos uma forma de lembrar fatos que mostrem a fidelidade de Deus em sua vida, como meio de transmitir um legado espiritual aos filhos.

Sugestões didáticas:

1. Pense de antemão sobre alguns sinais da fidelidade de Deus na história de sua família e esteja pronto para descrevê-los para o grupo e para seus filhos e netos. (Conforme orientação dada na lição anterior, alguns pais devem levar pequenos objetos que possam simbolizar esses momentos.)

2. Mais uma vez, a dinâmica sugerida na "Terraplenagem" pode ser usada para iniciar o estudo ou enquanto se desenrola o encontro.

TERRAPLENAGEM

Lembranças da fidelidade de Deus

- MATERIAL NECESSÁRIO: Um objeto que represente, literal ou simbolicamente, um fato em que a fidelidade de Deus tenha sido marcante em sua vida.

- PROCEDIMENTO: Alguns membros do grupo devem ter trazido um ou mais objetos, conforme a sugestão dada anteriormente. No início da reunião (ou, se preferir, em outro momento mais oportuno), os membros presentes devem se dividir em grupos de duas ou três pessoas, no máximo, para compartilhar seu testemunho da fidelidade de Deus, usando, como recurso visual, o objeto que trouxeram. Cada um deve falar dentro do limite de dois ou três minutos. Depois que todos tiverem falado, o facilitador pode pedir que alguns voluntários compartilhem sua história com o grupo todo. Termine o encontro levando o grupo a louvar a Deus, em oração, pelas experiências concretas da sua fidelidade.

FIRMANDO ALICERCES

Compartilhe com o grupo suas reações e dúvidas diante da leitura do artigo "A quem honra, honra" (p. 130).

[?] Alguém no grupo conseguiu pôr em prática alguma das sugestões apresentadas no artigo "A quem honra, honra"? Que sugestões foram postas em prática pelo grupo? Que reações elas causaram?

_____

_____

_____

ERGUENDO PAREDES

As pedras do rio Jordão, a arca da aliança, um arco-íris, a ceia do Senhor, todos são exemplos das maneiras pelas quais Deus fez com que sua fidelidade se tornasse visível e patente na vida do seu povo, a fim de que nunca mais se esquecessem dele. Os memoriais nos ajudam a comemorar a fidelidade de Deus provada no passado, a nos encorajar no presente e a estar certos de que Deus tem um plano para o nosso futuro.

Uma das maneiras mais concretas que Deus instituiu para garantir a transmissão da fé de geração em geração são os memoriais. Veja a seguir uma definição de "memoriais":

> Memoriais são objetos tangíveis que servem para trazer à memória atos da fidelidade de Deus, a fim de transmitir a fé a uma nova geração e fazer nascer a fé nos filhos.

1. Você consegue se lembrar de alguns "memoriais" (monumentos, estátuas etc.) no Brasil ou no mundo que fazem lembrar grandes momentos do passado? Qual a razão de existir desses lugares?

_____
_____
_____

Quando vemos monumentos, estátuas, parques ou até mesmo moedas e cédulas, nos vêm à mente grandes momentos do passado que servem como encorajamento no presente e nos levam a valorizar a liberdade e os direitos adquiridos pelo sofrimento de outros. As lembranças nos ajudam a não repetir erros cometidos anteriormente e a imitar o sucesso dos nossos antepassados.

2. **Leia Josué 4:1-7,21-24.** O que Deus pediu do povo de Israel, a fim de que eles comemorassem a travessia do rio Jordão? Qual foi a razão principal desse pedido (v. 6,21)?

Como memorial da travessia miraculosa, Deus ordenou que os homens pegassem doze pedras do meio do rio Jordão. Cada pedra representaria uma das tribos de Israel. Por meio dessa ordem, o Senhor desejava provocar a curiosidade da próxima geração, cujos filhos deveriam ouvir a história do grande livramento providenciado por Deus para aquela nação.

3. **Leia 1Coríntios 11:23-26.** A ceia do Senhor também serve como "memorial". Quais são os elementos servidos na ceia e o que cada um representa? Por que Jesus instituiu a "ceia do Senhor"?

_____

_____

O pão representa o corpo de Jesus dado por nós, e o cálice representa o seu sangue. Jesus instituiu a ceia como forma de fazer lembrar seu ato de sacrifício e redenção por nós.

4. Memoriais em si não passam de artefatos, tradições ou curiosidades do passado. Para estabelecer um legado de fé, entretanto, não precisamos necessariamente criar memoriais palpáveis; basta contar as histórias do passado. Afinal, o que torna um memorial vivo são as histórias que o acompanham. **Leia Salmo 78:1-8.** Conforme esse salmo, quais os benefícios na família quando os pais e avós contam essas histórias aos filhos e netos?

_____

_____

Novas gerações devem ouvir as histórias das maravilhas que o Senhor fez no passado. Por sua vez, elas continuarão transmitindo esse legado a outras gerações, e todos terão fé em Deus; não se esquecerão dos feitos de Deus; obedecerão a Deus; evitarão um coração rebelde e continuarão fiéis ao Senhor.

5. Ao mesmo tempo que Deus instituiu lembranças concretas da sua fidelidade, Ele proibiu a idolatria, ou seja, a veneração e a adoração de objetos em lugar dele. Quais as diferenças entre os memoriais que Deus mesmo estabeleceu como lembrança da sua fidelidade e a idolatria que Ele proibiu? (Para exemplo de abuso de um possível objeto memorial que se tornou um ídolo, compare Nm 21:7-9 e 2Rs 18:4.)

_____
_____
_____

Memoriais são estabelecidos por DEUS, enquanto ídolos são criados pelos homens. Memoriais apontam para a fidelidade de Deus e resultam no louvor que somente a Ele deve ser dado; ídolos tomam o lugar de Deus, substituindo-O como objeto de adoração. Memoriais são facilmente distinguidos de ídolos, pois ninguém crê que eles têm poder próprio, enquanto as pessoas associam ídolos a alguma força mística e eficaz.

6. Até que ponto é válido para pais e mães estabelecerem memoriais da fidelidade de Deus em sua família? Quais os perigos que devem ser evitados?

_____
_____
_____

Desde que fique muito claro que esses memoriais apontam para Deus e sua misericórdia, essas lembranças são válidas para estimular a curiosidade dos filhos e para fazer lembrar os atos da bondade de Deus na vida deles. Os pais terão de verificar que esses memoriais, em si mesmos, nunca sejam o foco da reverência; que sejam eles apenas a representação da fidelidade de Deus.

7. Como grupo, vocês conseguem alistar meios práticos de os pais transmitirem as histórias da fidelidade de Deus no passado, como estímulo à fé dos filhos no presente?

_____
_____
_____

Conclusão

Deus sabe que somos pó (Sl 103:14) e muito propensos ao esquecimento. Por isso, estabeleceu memoriais, como lembranças concretas de seus atos de fidelidade e amor em nossa vida. Os memoriais nos ajudam a celebrar a fidelidade de Deus no passado, a nos sentir encorajados no presente e a estar seguros de que Deus tem um plano para o nosso futuro.

INSPECIONANDO A CONSTRUÇÃO

Leia o artigo "Bugigangas na prateleira" (p. 143).

Pense em pelo menos dois fatos ocorridos na vida de sua família em que a presença de Deus tenha sido muito marcante. Se você tem filhos ou netos, narre-lhes esses acontecimentos e a maneira pela qual você viu a mão de Deus operar. Se não tem filhos, compartilhe com seu cônjuge esses fatos. Esteja pronto para relatar essa experiência no próximo encontro do grupo.

ACABAMENTO

Leia a história do legado dos recabitas, em Jeremias 35. Os descendentes de Jonadabe, filho de Recabe, haviam guardado fielmente um "legado" transmitido de pai para filho durante 250 anos!

O profeta Jeremias usa a fidelidade dessa família como contraste com o povo de Judá, altamente infiel.

Que tipo de "legado" você quer deixar para seus descendentes? Quais os valores que quer repassar para eles? Quais os princípios sobre os quais você está construindo sua família? Qual a herança espiritual que seus filhos passarão para os filhos deles? Seria interessante anotar os princípios distintivos que marcam sua família. Fale sobre eles. Conte suas histórias. Preserve-os para as futuras gerações. Pense na possibilidade de entregar aos seus filhos uma cópia do seu "legado" no dia do casamento deles.

BUGIGANGAS NA PRATELEIRA

Segurei o velho parafuso da prateleira e as memórias voltaram... Chegara ao fim o retiro com quinze seminaristas em um sítio no interior. Oito alunos se enfiaram como sardinhas em nosso pequeno carro e comecei a levá-los para a cidade mais próxima, a uma distância de oito quilômetros, onde pegariam o ônibus para suas casas e seus ministérios.

Após cinco quilômetros no caminho, numa estrada de terra deserta, aconteceu: o motor tossiu, pifou e parou. Nossa inspeção revelou o pior: uma trilha sinuosa de óleo voltando cinco quilômetros, até o sítio. Sem que ninguém percebesse, nosso carro havia sangrado, vítima de um mecânico descuidado, que trocou o óleo, mas não apertou o parafuso, que agora havia sumido.

Quando finalmente chegamos à cidade, um único alvo dominava nosso pensamento: achar um novo parafuso, acrescentar óleo ao motor e tentar ressuscitar o carro, pelo menos o suficiente para engatinhar de volta à civilização. Foi mais fácil falar do que fazer! Quando chegamos à última loja de autopeças da cidade, já era tarde. Entretanto, as luzes ainda estavam acesas e havia um último freguês no balcão. Nossa esperança desapareceu, porém, quando ouvimos a resposta já tão familiar: "Desculpe, senhor, mas não temos essa peça".

De volta à rua, fiquei indignado. Para que esse gasto desnecessário de tempo e dinheiro? Como Deus poderia nos ter abandonado por um motivo tão "bobo"? Nesse momento, uma voz me chamou de volta para a loja. Era o freguês que estava na loja quando entramos, chamando-nos para segui-lo até sua picape. Lá ele me mostrou uma peça muito parecida com o parafuso que eu havia perdido. E explicou: "Moro fora da cidade, num sítio mais ou menos a dez quilômetros daqui. Hoje, por volta das 6 horas da manhã, estava passeando com meu cachorro quando vi esta peça no chão, no meio da rua. Não sei por que, mas joguei-a no carro e lembrei-me dela quando ouvi você falando com o balconista".

Foi então que entendi. Não era outra peça parecida; era a nossa peça, que encontramos tão inesperadamente naquele lugar. Uma coincidência? Não. Foi um daqueles momentos tão raros na vida, quando Deus abre a cortina do céu por um instante e nos faz lembrar da sua soberana fidelidade. Fiquei envergonhado por ter duvidado dele. Ele me mostrou mais uma vez que cuida de cada detalhe da nossa vida. Mais que isso, Ele me havia entregado mais um memorial de sua fidelidade para guardar na nossa prateleira de memórias.

Quando pessoas ouvem a palavra "memorial", muitas vezes pensam em lugares e estátuas como o Ipiranga ou talvez a Praça Nacional de Brasília. Estátuas e prédios como esses rememoram alguns pontos altos da nossa história e os mantêm vivos na consciência nacional.

Para o cristão, memoriais recordam a fidelidade de Deus e celebram suas intervenções graciosas em nossa vida. Como símbolos tangíveis, nos encorajam a lembrar das ocasiões marcantes em nossa peregrinação na rodovia da vida, momentos em que, dramaticamente, Deus dissipou a neblina e nos deu uma rápida vista do seu cuidado soberano. Memoriais ensaiam os milagres da vida, grandes e pequenos. Precisamos deles porque, conforme diz o velho ditado, elefantes não esquecem, mas o homem, sim.

"Papai, conta outra vez a história do cheque!" Devolvo o velho parafuso para a prateleira e tiro um cheque descontado há muito tempo.

"Querida, quando faltava somente um semestre para a mamãe concluir a faculdade, pensávamos que não daria para ela se formar. Ela precisava de muito dinheiro, ou teria de sair da escola, e nós teríamos de esperar para nos casar. No entanto, na última hora, por meio de uma contribuição inesperada, Deus lhe deu até mais do que ela precisava. Mamãe terminou o curso, nós nos casamos e agora estamos vivendo felizes para sempre!"

"Papai, se Deus não tivesse dado aquele dinheiro, eu estaria aqui hoje?"...

Quem precisa de memoriais? Todos nós, porque nosso banco de memórias tende a se esquecer dos momentos oportunos em que Deus invade nossa vida para nos resgatar. Memoriais estimulam a recordação, chamando-nos de volta, convidando-nos para reviver a alegria de quando seguramos aquele bebê tão esperado; eles nos fazem recordar a graça de termos sido protegidos do drama de uma tragédia que poderia ter acontecido.

Pelo fato de a amnésia espiritual muitas vezes atacar o povo de Deus, ele indicou um remédio para o nosso esquecimento. "Uma lembrança por dia" pode curar a amnésia espiritual.

No Antigo Testamento, lembranças simbólicas da graça de Deus prevalecem. Uma coluna de pedras encorajava gerações a recordar o milagre de atravessar o rio Jordão. Altares construídos pelos patriarcas e a arca da aliança serviam para Israel como lembranças visíveis dos feitos graciosos de Deus para com eles. O arco-íris ainda nos faz lembrar a promessa de que nunca mais Deus inundará a terra com um dilúvio.

O Novo Testamento também acentua o papel de memoriais. O batismo ilustra nossa identificação com Cristo na sua morte, no seu sepultamento e na sua ressurreição. A celebração da ceia do Senhor nos faz recordar de forma dramática o corpo quebrado e o sangue derramado de Cristo: *Fazei isto em memória de mim* (1Co 11:24). Ainda precisamos de memoriais; não podemos correr o risco de esquecer.

Precisamos também de memoriais porque eles nos fazem lembrar do amor e da fidelidade de Deus nos dias atuais. O mesmo Deus que

sarou nosso filho, providenciou emprego ou colocou aquele cheque na **nossa** caixa postal ainda está conosco hoje. Memoriais nos fazem lembrar: "Ele não nos trouxe até aqui para nos abandonar".

Quando saímos do avião, uma dose fria da realidade ameaçou congelar a minha fé. Nossa segunda filha havia nascido no Brasil e estávamos de volta a Dallas, nos Estados Unidos, para completar o último semestre do meu mestrado — sem dinheiro, sem emprego, com duas crianças pequenas para cuidar. E agora, o que faríamos?

De alguma forma, a situação parecia conhecida. Foi então que lembrei: "O cheque!" Havíamos passado por tudo isso antes! O mesmo Deus que providenciara o dinheiro para o último semestre da faculdade da minha esposa podia suprir o que faltava agora. Era hora de avançar para o mestrado na escola da fé. As circunstâncias talvez tivessem mudado, mas Ele não mudara.

Hoje, um pequeno canudo de formatura tem seu lugar ao lado do cheque e do parafuso na nossa prateleira de memórias. Para pagar nossas contas, Deus usou alguns "bicos" inesperados, algumas ofertas especiais e um antigo seguro de vida de que havíamos nos esquecido. Sua fidelidade no passado nos motivou a perseverar no presente.

Como podemos criar memoriais? Nossa família começou com **uma** "tempestade cerebral". Alistamos eventos-chave em nossa vida e **anotamos** como Deus provou ser fiel. Aquela experiência em si não **somente** nos revelou quanto Ele havia feito, mas também quanto tínhamos esquecido.

Depois, decidimos uma estratégia para lembrar esses fatos. Um **bom** método deve ser tangível, facilmente associado ao fato (não **muito** abstrato) e disponível (de fácil acesso). Há muitas opções: gravações, álbuns de fotos, diários pessoais, até mesmo uma "cápsula do tempo", que contém símbolos de acontecimentos importantes do **ano e** deve ser "enterrada" em um canto da casa ou no quintal, para ser posteriormente redescoberta.

Quando nos casamos, minha esposa e eu construímos uma "casa" em miniatura usando mais de 50 caixinhas de fósforos. Cada caixa representa um ano do nosso casamento. Nos aniversários, registramos os eventos especiais daquele ano em um rolo pequeno, que depositamos na caixa.

Gary e Anne Marie Ezzo, do ministério *Growing Families International*, nos mostraram a ideia que tiveram de construir um memorial chamado "prateleira de memórias". Contém várias prateleiras com espaço para guardar e exibir miniaturas que representam momentos especiais em nossa vida. (Algumas famílias têm uma caixa assim na parede da sua casa para guardar enfeites tipo *country*.) Para nossa família, essa "prateleira de memórias" nos faz lembrar uma herança cheia da presença e da proteção de Deus.

Depois de um dia cansativo, estávamos assistindo a um DVD na casa dos meus sogros. Keila, nossa caçula e ainda neném, estava deitada no chão, brincando na sua colcha. Peguei-a para usufruir um tempo "pai—filha", quando de repente senti uma sensação estranha nos meus dedos do pé. Olhei e vi uma cobra coral passando por cima do meu pé descalço, e depois debaixo da colcha da Keila. Era pequena, mas suficientemente perigosa para todos pularem de susto.

Hoje, uma pequena cobra de plástico descansa ao lado de um parafuso, de um cheque e de um canudo de formatura, como memorial da proteção de Deus em nossas vidas.

Quando devolvi cuidadosamente cada objeto ao seu lugar na nossa "prateleira de memórias", tive de agradecer a Deus por essa herança maravilhosa. Para outros, talvez essas miniaturas não significassem mais que bugigangas pegando poeira. No entanto, para nós, falam de um Deus vivo que ainda opera na vida dos seus queridos. Hoje, continuam falando para nossos netos. Memoriais da fidelidade de Deus podem tornar a fé dos pais uma fé viva para os filhos. Não podemos correr o risco de esquecer. Neste caso, não há nada de errado com uma fé de segunda e terceira mãos.

PARTE III

Disciplinando
seu filho

10

O pátio lúdico de caducidade

• **Duração** de cerca de 3h

Lembrar-se-á que o pátio lúdico tem de ficar instalado no dia anterior e desmontado só depois das tarefas que lhe são associadas terem sido inteiramente e devidamente levadas a cabo.

• **Objetivos do grupo**

Cada resultado nesta tarefa na realidade do grupo através de trabalho em:

- Dar a cada membro do clube vida lúdica significa por isso.
- Encorajar a prata de que seja ficam são abandonadas e caem no vazio.
- Dar a cada grupo de orelhita lúdica, que venha a ter fixa entrada de ar ao a quente flash chu-ea.

Supervisor lúdico

- Não tudo o trabalho antes e pauta em decorrida tem permitia e muito cuidado.

- Os membros do grupo devem ser rondados e motivados para que duas refletirem, a cooperarem uma, representadas lhes por-te e de ideia.

LIÇÃO 10

O padrão bíblico de obediência

> PRINCÍPIO DE CONSTRUÇÃO
>
> *O padrão bíblico de obediência imediata, inteira e interior revela os defeitos que há no coração da criança e leva-a em direção a Cristo Jesus.*

- **Objetivos do estudo**

Como resultado deste estudo, os **membros do grupo devem ser** capazes de:

- Entender o alto padrão de **obediência bíblica exigida por Deus**.
- Reconhecer os sinais de que **seus filhos não obedecem de** coração aos pais.
- Usar o alto padrão de obediência **bíblica para revelar aos filhos** a carência do seu coração e **apontar-lhes Cristo Jesus**.

Sugestões didáticas:

- Esta lição é fundamental e **precisa ser desenvolvida com** paciência e muito cuidado.
- Os membros do grupo devem se sentir à vontade para exemplificar atitudes e comportamentos representativos dos pontos da lição.

TERRAPLENAGEM

"Seu mestre mandou..."

- PROCEDIMENTO: Explique aos membros do grupo que você dará uma série de instruções que, de imediato e ao pé da letra, precisam ser obedecidas, mas somente quando precedidas pela frase: "Seu mestre mandou...". Sem ouvir essa expressão, ninguém deve cumprir nenhuma ordem dada por você.

Por exemplo:

> "Seu mestre mandou: ponha sua mão direita na cabeça".
> "Tire sua mão da cabeça" (repare que a ordem não foi precedida da expressão "Seu mestre mandou...").
> "Seu mestre mandou: ponha sua língua para fora".
> "Seu mestre mandou: grite seu primeiro nome".
> "Grite seu sobrenome" (de novo, não foi dito "Seu mestre mandou...").

Cada vez que alguém não obedecer ao que "seu mestre mandou" ou fizer alguma coisa que seu mestre NÃO mandou, será eliminado do jogo. Continue a dar ordens até que só duas ou três pessoas "obedientes" permaneçam no jogo. Use a brincadeira como ponte para a lição, que ensinará sobre obediência imediata, inteira e interior.

FIRMANDO ALICERCES

Compartilhe suas impressões e dúvidas depois da leitura do artigo "Bugigangas na prateleira" (p. 143).

> **(?)** Você conseguiu pensar em dois fatos em que a presença de Deus foi muito marcante em sua família? Narrou-os para seus filhos e seu cônjuge? Compartilhe o que aconteceu.

ERGUENDO PAREDES

Deus exige que os filhos obedeçam a seus pais. Este é o ponto de partida para um relacionamento saudável entre pais e filhos e a chave para que o filho experimente uma vida abençoada por Deus (Ef 6:1-3). Se os pais não passarem esse padrão para os filhos, estes nunca conseguirão segui-lo. Por isso, os pais precisam estabelecer o mesmo padrão de obediência que Deus estabelece. Como vamos descobrir, esse padrão é infinitamente mais alto do que a maioria dos pais imagina. É inacessível, tanto para nós, pais, quanto para nossos filhos. E este é o ponto principal, o alvo da paternidade. Justamente na hora em que os filhos sentem "na pele" seu fracasso é que entendem a necessidade do perdão e da vida de Cristo neles. Exigir o alto padrão que Deus requer não somente levará nossos filhos a viverem o evangelho de salvação em Jesus, mas também estabelecerá indispensáveis hábitos de vida para o seu futuro como discípulos do Senhor.

Qual o alto padrão de obediência requerido de nós pelo Senhor Deus? Conforme as Escrituras, a única obediência que Deus aceita é a obediência imediata, inteira e interior.

Obediência imediata

Quando Deus tirou o povo de Israel da escravidão do Egito, determinou que os hebreus entrassem na terra prometida, uma terra que manava leite e mel. Antes de entrar, porém, o povo enviou doze espias para que analisassem as condições da terra. Lamentavelmente, dez dos espias voltaram amedrontados por causa dos gigantes que defendiam a terra. Apenas Josué e Calebe animaram o povo a obedecer ao Senhor e entrar em Canaã pela fé.

1. **Leia, em Números 13:30—14:12**, a história do que aconteceu quando Israel recusou-se a obedecer à voz do Senhor.
   Como o povo expressou sua desobediência?

   _____

   _____

Qual foi o resultado (Nm 14:10-12,20-23,29,30)?

_____
_____
_____

2. Leia Números 14:39-45. Assim como tantas crianças que **desobedecem a ordens que lhes** são dadas, o povo de Israel desobedeceu. Quando a **disci**plina lhe foi aplicada, de repente, **eles se entristeceram e tentaram** voltar atrás e desobedeceram a **Deus novamente.**

Deus aceitou esse "arrependimento" atrasado?

_____
_____
_____

Que prova o povo deu de que continuava em sua desobediência?

_____
_____

Qual foi o resultado disso?

_____
_____
_____

3. Quais os paralelos entre essa atitude dos israelitas e o que vemos em nossos filhos? Que lições sobre o tipo de obediência **requerida por Deus** podemos extrair desse episódio vivido pelo povo de Israel?

_____
_____
_____

A obediência não deve depender das ameaças recebidas ou do medo de possível repreensão. A verdadeira obediência é imediata, exibe fé na seriedade das palavras do Senhor (por intermédio dos pais). A desobediência deve ser disciplinada, a fim de que os filhos aprendam a seriedade da obediência bíblica.

Obediência absoluta

O segundo aspecto da obediência bíblica requerida por Deus é a obediência inteira, ou seja, a obediência completa, total, absoluta. Aprendemos esse princípio na história do povo de Israel, quando o profeta Samuel (representando Deus) mandou que o rei Saul exterminasse um povo idólatra, imoral e violento: os amalequitas.

4. **Leia 1Samuel 15:2,3,7-11,17-24.** Em que sentido Saul não obedeceu totalmente ao Senhor?

   _____
   _____
   _____

5. Que pecados estavam envolvidos nessa desobediência? Veja os versículos 17, 19, 22, 23 e 24.

   _____
   _____
   _____

Na atitude de Saul, podemos detectar: orgulho, arrogância, avareza, egoísmo, rebelião, obstinação, idolatria e temor aos homens!

6. Ao ser confrontado por Samuel, qual a resposta dada por Saul? A quem Saul culpou pelo seu pecado (v. 20,24)?

   _____
   _____
   _____

7. Leia 1Samuel 15:28,29. Qual a disciplina aplicada a Saul? A seu ver, por que o castigo foi tão severo?

_____

_____

_____

Por causa de uma obediência parcial — desobediência absoluta —, Saul perdeu o reino. O castigo foi severo porque Saul se elevou acima do próprio Deus, tornando-se grande aos próprios olhos — prova da obediência parcial.

Os pais que permitem que seus filhos negociem as condições de obediência, que aceitam a obediência parcial em nome da "paz" — por medo de contrariar o filho e arcar com seus protestos — participam do pecado do filho. Ajudam os filhos a se tornarem sábios aos próprios olhos (Pv 3:7).

Obediência interior

A terceira faceta da obediência bíblica é a mais importante. Separa a obediência mecânica da obediência verdadeira. Para agradar a Deus, a obediência precisa ser interior, ou seja, precisa se processar no coração.

8. Leia Mateus 15:7-11. O versículo 8 é uma citação de Isaías 29:13. Por que Deus não aceita honra — ou obediência — que não venha do coração?

_____

_____

_____

9. Leia Provérbios 4:23 e 23:26,27. Conforme esses versículos, qual deve ser o alvo dos pais?

_____

_____

_____

10. Que sinais demonstram para os pais que o filho não está prestando obediência de coração? Como os pais podem trabalhar essas questões de atitude negligente, levando o filho a Cristo e atingindo seu coração?

_____
_____
_____
_____

Os pais precisam estar atentos a atitudes que, em seus filhos, denotam um coração distante dos pais e de Deus: filhos que respondem com grosseria, filhos que discutem ordens dadas pelos pais, filhos que arregalam os olhos, batem portas, xingam, fazem birra, se recusam a aceitar um "não", inventam desculpas para não obedecer ou fazem suas tarefas de qualquer jeito revelam problemas na esfera interior, na esfera do coração. Todos estes são sinais de que o filho não está obedecendo de coração.

Conclusão

Se quiserem criar filhos tementes a Deus, os pais precisam sondar as atitudes, e não somente vigiar as ações dos filhos. É dos pais a tarefa de revelar ao filho sua incapacidade de obedecer de coração, pelo próprio esforço. Bastante tempo em conversa, disciplina e oração é necessário para o cumprimento dessa tarefa dos pais. As oportunidades devem ser usadas para levar o filho à salvação em Cristo e a uma vida na dependência de Jesus.

INSPECIONANDO A CONSTRUÇÃO

Leia o artigo "Filhos obedientes" (p. 159).

Durante a semana, faça uma avaliação do padrão de obediência que prevalece em seu lar. Procure dar uma nota quanto à obediência prestada por seus filhos — 1, para "péssimo"; 10, para "sem necessidade de melhorar":

Obediência imediata — tom normal de voz, sem ameaças

_____
_____
_____

Obediência inteira — sem negociação, repetição da ordem etc.

_____
_____
_____

Obediência interior — de coração, sem atitude ruim

_____
_____
_____

Esteja pronto para compartilhar com o grupo alguns projetos para levar seus filhos a melhorar nos pontos em que precisam progredir.

ACABAMENTO

[?] Outro exemplo de "obediência parcial" que a Bíblia chama de **rebeldia e desobediência total** pode ser visto em Moisés. Leia **Números 20:7-13. Qual foi a ordem dada por Deus a Moisés? O que ele fez? Qual foi o castigo aplicado a Moisés por Deus? Por que o castigo foi tão severo?**

_____
_____
_____
_____

FILHOS OBEDIENTES

Há alguns anos, tive a oportunidade de visitar duas aldeias de índios ianomâmis no norte do Brasil. Nessa cultura primitiva, presenciei características do domínio de Satanás no relacionamento pai—filho. As crianças ianomâmis não respeitam seus pais. Em geral, são respondonas; seus pais precisam falar três, quatro ou cinco vezes com ameaças e até gritos antes de os filhos obedecerem. Os filhos batem nos pais. Andam soltos, fazendo o que querem, indo aonde querem e como querem. Depois de observar essa cultura primitiva, pensei: "A civilização chegou às aldeias indígenas!" Isso porque já presenciei o mesmo drama nos supermercados de São Paulo!

Paulo considerou a *desobediência aos pais* como uma das características dos últimos tempos (2Tm 3:2). Parece que Satanás, sabendo que seu tempo é limitado na terra, está fazendo de tudo para minar o alicerce de lares cristãos, especialmente no relacionamento pai—filho. Experimentamos na nossa sociedade, assim como na sociedade indígena, o que uma revista, em matéria de capa, chamou de "Filhos tiranos, pais perdidos".

Infelizmente, a desobediência dos filhos aos pais está se tornando uma marca, não somente do nosso mundo, mas da igreja. É uma vergonha ver o que está acontecendo em muitos lares cristãos, e até durante os próprios cultos na igreja. Precisamos de mudanças radicais! Precisamos resgatar o padrão bíblico! Precisamos voltar à "civilização bíblica"!

Obediência com honra resume a responsabilidade dos filhos para com os pais no lar cristão saudável (Cl 3:20; Ef 6:1-3). Como os filhos vão aprender a obedecer e honrar os pais? Deus entregou aos pais a tarefa "professoral"! Se *A tolice está ligada ao coração da criança* (Pv 22:15), são os pais que precisam ensinar obediência aos filhos.

Os pais podem se esforçar para comprar presentes no Dia da Criança, podem passar tempo com os filhos, podem se sacrificar para matriculá-los nas melhores escolas, mas, se não ensinarem a obediência requerida na Bíblia, muito disso será em vão. "A obediência é o brilhante na coroa de um caráter verdadeiramente cristão."

Em nossa experiência, não são os filhos que demoram tanto a aprender o padrão bíblico de obediência; são os pais que custam a aprendê-lo. As crianças cristãs aprenderão muito rapidamente qual o alvo que, de maneira consistente, lhes for apresentado pelos pais, e do qual estes são exemplos.

Ao mesmo tempo, não basta dizer que Deus requer obediência dos filhos aos pais. Nosso padrão de obediência tem de ser o que Deus estabelece! Para esse fim, vamos revisar e avançar na apreciação das três facetas do brilhante da obediência que Deus espera dos filhos e que os pais devem ensinar:

1. *Obediência imediata* (Nm 14:6-9,39-45)

Deus mandou que o povo de Israel entrasse na terra prometida. O povo, porém, tornou-se rebelde e desobediente. O resultado foi a disciplina severa, envolvendo a morte de toda aquela geração e quarenta anos de peregrinação pelo deserto. É interessante notar que, assim como muitas crianças hoje, na hora em que Deus declarou qual seria a disciplina por ele aplicada, o povo "se arrependeu" e insistiu em entrar na terra que lhe tinha sido prometida. Entretanto, este foi um segundo ato de rebeldia e rejeição à disciplina do Senhor. Já era tarde demais...

Como um bom Pai, Deus não aceita um tipo de "obediência" qualquer. Ele é um grande rei e, quando fala, espera uma resposta imediata. Quando os pais minimizam o padrão de obediência até que esteja ao alcance de qualquer um, estão encorajando a autossuficiência da criança, e não reforçando a necessidade que ela tem de reconhecer a obra da cruz e de Jesus em sua vida. O padrão bíblico para os pais (e para a paz no lar!) é a obediência imediata, no primeiro momento, com instruções dadas em tom normal, sem repetição e sem ameaça.

- Quando você der uma ordem para seu filho, fale em tom normal, com clareza, olhando nos olhos dele e esperando uma resposta verbal.

- Quando não houver obediência imediata, você deve aplicar a disciplina apropriada, sem se deixar envolver pela ira, é claro.
- Para pais que nunca estabeleceram esse padrão bíblico, é preciso haver confissão diante dos filhos e uma explanação do que será exigido deles a partir de agora.

2. *Obediência inteira* (1Sm 15:9-11,22)

A segunda faceta do brilhante da obediência bíblica requerida por Deus é a obediência total, absoluta. Aprendemos este princípio na história do povo de Israel, quando o profeta Samuel (representando Deus) mandou que o rei Saul exterminasse um povo idólatra, imoral e violento: os amalequitas. Isso para não correr o risco de eles contaminarem o povo de Deus com seu pecado. Saul, entretanto, achava que tinha uma ideia melhor: poupar o rei Agague e o melhor dos amalequitas. *A Bíblia Anotada* chama a esse episódio "obediência parcial". O fato é que, aos olhos de Deus, não existe "obediência parcial". "Obediência parcial equivale a rebeldia total."

Os pais que, por medo de contrariar o filho, permitem que este negocie as condições de obediência, os pais que aceitam uma obediência parcial em nome da "paz" no lar são cúmplices no pecado do filho. Ao ignorarmos essa faceta do diamante do caráter do nosso filho, causamos uma mancha nesse brilhante. Esse foi o caso de Saul (v. 22).

Outro exemplo dessa "obediência parcial", que a Bíblia chama de rebeldia, aconteceu quando Deus ordenou que Moisés FALASSE à rocha para dela tirar água para o povo sedento no deserto (Nm 20:11-13). Ele tirou água, mas BATEU na rocha. Parecia algo tão simples, um deslize raro para o grande líder. No entanto, constituiu uma profanação do caráter, da majestade e da santidade de Deus. As palavras divinas não podem ser tratadas como profanas, banais, insignificantes. São elas a nossa vida. O Senhor é um grande rei! Em consequência de sua desobediência, Moisés foi proibido de entrar na terra prometida.

Os pais reforçam a desobediência dos filhos quando permitem o padrão mínimo da "obediência parcial". Aceitam uma porcentagem de desobediência em vez de exigir a obediência absoluta, completa. Muitas vezes, fazem isso para evitar conflitos em casa. Fazem baixar o padrão e aceitam obediência parcial diante de um jogo de poder. Com crianças pequenas, pode parecer inocente e insignificante o fato de deixá-las "escapar" de cumprir ordens dadas e de respeitar as práticas do lar. O que acontecerá, porém, quando essa criança tiver 17 anos e, sem permissão, pegar o carro para dar uma volta? O importante não é O QUE os pais pedem, mas, quando pedem, é necessário que a ordem seja mantida até o fim.

Rebeldia, seja ela direta, seja indireta, é outra inimiga da obediência absoluta. A criança pode desobedecer de forma sutil, quase inocentemente, muitas vezes colocando a forma própria de "obediência" no lugar da obediência exigida pelos pais. Por exemplo, os pais mandam que o filho limpe seu quarto; ele faz sua lição de casa. Pedem que tire o lixo; ele sai para cuidar do cachorro. Pedem que cuide do cachorro; ele arruma seu quarto. E, justamente quando os pais acham que conseguiram decifrar o "código secreto" do filho, este muda as regras. O problema é que ele continua com o poder nas mãos, quando Deus designou os PAIS como autoridades no lar.

Outra forma de rebeldia "sutil" é o filho cumprir pela metade as ordens que recebe, ou mesmo cumpri-las, mas com falta de cuidado. Talvez os padrões aqui apresentados aparentem certo exagero. Por isso, é importante reconhecer que a autoridade dos pais lhes é concedida pelo próprio Jesus. Ele constituiu os pais como autoridades amorosas, não "carrascos", na vida dos filhos. Portanto, como representantes de Cristo, os pais não podem aceitar desrespeito, desobediência ou desonra!

Tudo isso, é claro, pressupõe um contexto de amor, de expressões frequentes de carinho por parte dos pais. Estes andam com seus filhos e exemplificam o mesmo tipo de obediência imediata e inteira às autoridades, requerida dos filhos pelo Senhor. Passam tempo com os filhos. Abrem portas para conversas francas. Saem com os filhos individualmente. Praticam esportes, pescam, assistem a filmes, abraçam e encorajam os filhos.

Obediência parcial é rebeldia total e é inaceitável para o filho de Deus. Pais que não ensinam a obediência inteira estão treinando seus filhos para o pecado, e eles mesmos estão em pecado.

3. Obediência interior

A última faceta da obediência bíblica é a mais importante de todas. Quando falamos de obediência interior, falamos de obediência do coração. Como já vimos, os pais precisam, acima de tudo, atingir o coração dos filhos. Senão, mesmo que consigam transmitir o padrão de obediência imediata e inteira, provavelmente criarão filhos fariseus e legalistas, com coração distante dos pais — e de Deus! Os pais não podem se contentar com obediência superficial, denotada apenas quando o relacionamento pai—filho é presenciado por outras pessoas.

É isso o que Provérbios ensina em dois textos fundamentais para pais e filhos:

> *Acima de tudo que se deve guardar, guarda o teu coração, porque dele procedem as fontes da vida* (4:23).

> *Meu filho, dá-me teu coração, e que os teus olhos se agradem dos meus caminhos* (23:26; cf. Mt 15:7-9; Is 29:13,15).

Obediência interior significa obediência de coração, *sem desafio, sem reclamação, de boa vontade, com alegria*. Que alto padrão! Sem dúvida, esse padrão exigirá muito de pais e filhos — tempo para avaliar atitudes, questionar, conversar, sondar, refletir, confessar, perdoar e orar. Os pais terão de exigir do filho não somente ações, mas atitudes. No fim, porém, esse processo trará ricas recompensas para pais e filhos.

O apóstolo Paulo inquiriu: *E quem está preparado para essas coisas?* (2Co 2:16). A resposta é: Ninguém! Em comparação com o padrão bíblico, tanto filhos quanto pais, sejam índios ianomâmis ou famílias supostamente mais "civilizadas" que eles, deixam muito a desejar. Carecemos da glória de Deus (Rm 3:23).

E esse é o ponto do alto padrão exigido por Deus. Precisamos olhar para cima. Jesus veio para nos salvar do nosso pecado e de nós mesmos. Sua ressurreição nos garante uma nova vida quando a abraçamos pela fé. Somente quando o filho perceber que ele, como os pais, é incapaz de alcançar esse alto padrão é que verá em Cristo a única solução do problema do seu coração. Essa resposta chama-se "evangelho"!

A criança que facilmente consegue alcançar um padrão baixo de "obediência" não precisa de Jesus. Torna-se sábia aos seus próprios olhos, autossuficiente e orgulhosa.

Mas, quando os pais insistem, humildemente, no padrão bíblico de obediência, levarão o filho ao que os puritanos chamavam de "santa frustração" — o momento ideal para anunciar ao filho o evangelho de salvação pelos méritos de Jesus. Isso porque as boas-novas do evangelho sempre começam com as más notícias da condenação em razão do pecado em nosso coração.

Não podemos desistir. Estamos em uma das últimas batalhas, uma batalha pela alma da família. Nessa batalha, precisaremos de uma dose dupla da graça de Jesus. Ele vive em nós. Essa é a nossa *esperança da glória* (Cl 1:27). *... aquele que começou a boa obra [...] irá aperfeiçoá-la...* (Fp 1:6). Há perdão pelo passado e esperança para o futuro. Não podemos diminuir o padrão para que ele esteja ao nosso alcance. Precisamos, sim, que Jesus nos eleve até o padrão divino!

LIÇÃO 11

Não provocar a ira dos filhos

> PRINCÍPIO DE CONSTRUÇÃO
> Os pais não devem provocar a ira dos filhos, causando-lhes desânimo e levando-os a pecar.

■ Objetivos do estudo

Como resultado deste estudo, os membros do grupo devem ser capazes de:

- Alistar maneiras pelas quais poderiam provocar a ira de seus filhos e, por consequência, levá-los a pecar.
- Identificar as áreas em que tendem a levar seus filhos ao desânimo.
- Manter equilíbrio entre o discipulado e a disciplina dos filhos.

Sugestões didáticas:

1. Repare nas duas divisões estratégicas desta lição: na primeira parte, são estudadas as maneiras pelas quais os pais provocam a ira e o desânimo de seus filhos, uma abordagem direta e específica de Efésios 6:4 e Colossenses 3:21. Depois, esse conceito se expande, e são apresentadas e debatidas maneiras pelas quais a ira e o desânimo provocados pelos pais podem levar o filho ao pecado.

2. Talvez alguém queira providenciar um *flip-chart* (tripé com folhas de papel) ou um quadro para anotar as respostas dadas pelos membros do grupo às perguntas apresentadas no estudo.

TERRAPLENAGEM

Palavras proibidas

- MATERIAL NECESSÁRIO: Clipes para papel — 3 a 5 para cada membro do grupo.

- PROCEDIMENTO: Conforme os membros do grupo forem chegando para o encontro, entregue-lhes os clipes. Dado o sinal, todos devem conversar, durante 3 a 5 minutos, com várias das pessoas presentes. Na conversa, não poderão usar as palavras "eu", "meu", "minha". Se alguém perceber que seu "vizinho" usou uma dessas palavras, tem o direito de lhe pedir um de seus clipes, como multa. Quem perder todos os clipes deverá se sentar. Ao final da atividade, ganha quem tiver mais clipes.

A competição tem como propósito mostrar como é difícil mantermos uma conversa sem falar sobre nós mesmos. Mas serve também como ponte para a lição a respeito de "provocação da ira dos filhos", pois as pessoas ficarão frustradas e irritadas ao perder seus clipes, e quando os outros continuarem vigiando tudo o que falam, esperando e até incentivando um erro a fim de ganhar o clipe.

FIRMANDO ALICERCES

Compartilhe suas reações diante da leitura do artigo "Filhos obedientes" (p. 159).

Os membros do grupo que quiserem podem compartilhar os resultados da avaliação sobre o padrão de obediência que prevalece no seu lar. Em termos gerais, em quais das seguintes áreas destacadas os pais são mais fortes? Em quais delas são mais fracos? Qual foi a nota mais alta dada pelos pais a si mesmos nessas áreas? Qual foi a nota mais baixa? Quais as implicações desses resultados?

- Obediência imediata;
- obediência inteira;
- obediência interior.

_____
_____
_____

Alguém pensou em algum projeto para melhorar nos itens mais fracos?

_____
_____
_____

ERGUENDO PAREDES

Existe um adesivo de carro que diz: "Nenhum sucesso na vida compensa o fracasso no lar". Em uma revista secular de alguns anos atrás, um artigo direcionado a homens de negócios tinha o título: "Vítimas do sucesso". O subtítulo era este: "Por que executivos nota dez com frequência acabam por tornar-se pais nota zero?"

"Se eu pudesse viver a vida novamente, passaria muito mais tempo com meus filhos", foi o que declarou certo executivo nesse artigo. O autor comenta que "O sentimento de um misto de complexo de culpa, angústia e frustração atinge *dez entre dez* executivos em qualquer parte do planeta... É com perplexidade que muitos executivos descobrem que é mais fácil administrar um negócio do que ser pai... O maior problema talvez seja a impossibilidade de conciliar o momento em que a carreira está em ascensão com aquele em que os filhos estão atravessando a adolescência... Enquanto o pai está definindo seu sucesso, a família pode virar um fracasso".

Esta lição focaliza duas advertências que a Palavra de Deus faz especialmente aos pais:

E vós, pais, não provoqueis a ira dos vossos filhos, mas criai-os na disciplina e instrução do Senhor (Ef 6:4).

Pais, não irriteis vossos filhos, para que eles não fiquem desanimados (Cl 3:21).

1. **Em Efésios 6:4 e Colossenses 3:21**, a palavra "pais" não é o termo genérico para "progenitores" usado em Efésios 6:1 e Colossenses 3:20, mas o termo específico para o homem, o "papai". Por que Deus direciona essa palavra aos homens? Será que as mulheres são excluídas dessa advertência?

   _____
   _____
   _____

   O destaque do homem nos textos reflete a perspectiva bíblica de que o homem é designado como o líder do lar e responsável por não permitir que, sem necessidade, o filho seja desestimulado e irritado. Pode ser que, nesses textos, Deus esteja focalizando o homem porque é ele que tende a ser menos compreensivo, menos sensível, precisando assim ser lembrado pelo Senhor de não cair nesse pecado. Obviamente, as mulheres (mães) também precisam acatar a advertência.

   O contexto desses dois textos aponta para um controle sobrenatural dos pais, vindo do Espírito de Deus (Ef 5:18), que usa a Palavra de Deus (Cl 3:16) para superar as tendências naturais e egoístas da carne.

2. As cartas aos Efésios e aos Colossenses são conhecidas como "cartas gêmeas", por terem tantos textos paralelos, como Efésios 6:4 e Colossenses 3:21. Comparando os dois textos, como podemos entender o significado destas duas expressões: "provocar a ira" e "não irritar"?

As frases *não provoqueis a ira* e *não irriteis vossos filhos* parecem ser paralelas. Irritamos nossos filhos quando os incitamos à ira. Essas provocações também podem ocasionar desânimo, um desfalecimento interior que faz a criança desistir de agradar aos pais e a Deus.

3. Como grupo, alistem algumas formas pelas quais os pais podem "provocar a ira" ou "irritar e desanimar" os filhos.

_____

_____

_____

A lista de maneiras pelas quais os pais podem provocar ou irritar e desanimar os filhos é grande, mas inclui atitudes como: ridicularizar, "pegar no pé", xingar, menosprezar, fazer "brincadeiras" nocivas, envergonhar em público, rebaixar, criar grandes casos sobre pequenos erros, provocar brigas, disciplinar de forma incoerente ou inconstante, negligenciar, abandonar, não cuidar, não cumprir promessas, invadir a privacidade, tomar decisões precipitadas que afetarão o futuro do filho sem conversar com ele, não pedir perdão quando erra e muito mais.

4. Toda disciplina tem o potencial de irritar e desanimar uma criança. Conforme Efésios 6:4b, como você sabe que Deus NÃO está falando para os pais DEIXAREM de confrontar e disciplinar seus filhos?

_____

_____

_____

Além de não provocar a ira dos filhos, os pais têm a responsabilidade de "disciplinar" e "admoestar" (confrontar) os filhos! Mesmo que a disciplina ou o confronto irrite o filho, ele terá de aprender que a disciplina vem de uma fonte de amor — *Nenhuma disciplina parece no momento motivo de alegria, mas de tristeza. Depois, porém, produz um fruto pacífico de justiça nos que por ela têm sido exercitados* (Hb 12:11; cf. Pv 3:11,12; Hb 12:5-11). No versículo, o "paralelismo" — duas linhas que se ecoam e complementam — transmite a ideia de que o caminho para NÃO provocar os filhos é a criação, a disciplina e o confronto vindos de pais amorosos, firmes e controlados pelo Espírito de Deus (Ef 5:18).

5. Colossenses 3:21 diz que o pai que irrita seu filho pode "desanimá-lo". A palavra "desanimar" traz a ideia de murchar, perder o fôlego ou desfalecer. Em sua opinião, como a "provocação" e a "irritação" produzem o desânimo? Como um filho pode demonstrar esse desânimo?

_____
_____

Infelizmente, os filhos podem se tornar "vítimas" de pais provocadores, perdendo assim a vontade de continuar. Querem desistir do relacionamento e, às vezes, até da vida. Podem manifestar isso de muitas maneiras: depressão, tristeza, dureza de coração, rebeldia, vícios, notas ruins etc.

6. Leia Efésios 4:26,27. O problema com a ira não resolvida, provocada pelos pais, facilmente leva ao pecado. Conforme o versículo 27, qual o resultado da ira não resolvida?

_____
_____

De alguma forma, a ira não resolvida abre uma porta para a atuação de Satanás em nossa vida. Ira não resolvida leva ao pecado.

7. Leia Tiago 1:19,20. O que a ira do homem não produz? Que resultado pode ser esperado por pais que provocam a ira de seus filhos?

_____
_____

A ira não resolvida na vida dos filhos leva ao pecado! A ira do homem não produz a justiça de Deus. Os pais que irritam (a palavra em Colossenses traz a ideia de "motivar uma ação ou atitude indesejável"), desanimam e, por consequência, provocam a ira de seus filhos também os incentivam em direção ao pecado. (Esta não é uma desculpa para que os filhos pequem! Estes continuam a ser os responsáveis por suas ações e reações, inclusive por sua ira, mágoas, raiva dos pais, rebeldia e desonra.) Nenhum pai digno do nome empurraria seu filho em direção ao pecado!

Em Efésios 6:4, paralelamente à ideia de não provocar a ira dos filhos, Paulo ordena que os pais criem os filhos na admoestação e disciplina do Senhor. Em outras palavras, os pais devem fazer tudo o que for possível para desviar os filhos do caminho do pecado e colocá-los nos caminhos divinos (cf. Pv 22:6).

Conclusão

Aquele adesivo de carro está correto: nenhum sucesso na vida compensa o fracasso no lar. Percebemos que os pais fracassam quando não estimulam e incentivam seus filhos nos caminhos do Senhor. Provocam a ira dos filhos quando os encaminham em direção ao pecado. Mas não tem de ser assim. A influência dos pais pode e deve ser radicalmente diferente, pela graça de Deus, pelo poder da Palavra e pela presença do Espírito em sua vida.

INSPECIONANDO A CONSTRUÇÃO

Leia o artigo "Pais que provocam ao pecado" (p. 173). Esteja pronto para compartilhar com o grupo suas reações diante da leitura.

Veja a lista que é dada a seguir, contendo atividades que podem ser desenvolvidas pelos pais com os filhos. Qual foi a última vez que você realizou uma dessas atividades? Que tal pensar em alguma outra forma de se dedicar a seu filho? Esteja pronto para narrar ao grupo o que fizeram juntos e os resultados dessa atividade.

- Jogar bola
- Fazer e empinar pipas
- Andar de bicicleta

- Pescar
- Andar no mato
- Ler um livro
- Estudar
- Ir ao parque
- Ir ao zoológico
- Ir ao circo
- Construir um fogãozinho com tijolos
- Sair juntos para um almoço/jantar
- Fazer pequenos consertos na casa
- Lavar o carro
- Plantar uma árvore ou hortaliça
- Fazer um piquenique
- Montar um quebra-cabeça
- Ir ao *shopping*
- Fazer um churrasco
- Pegar ondas
- Subir uma montanha
- Fazer um móvel de madeira
- Fazer uma casinha para bonecas
- Brincar com jogos de mesa
- Jogar video games juntos

Acabamento

Há muitas maneiras de os pais provocarem a ira e incentivarem os filhos ao pecado. Para nossa instrução e advertência, as Escrituras são o melhor meio de descobrirmos como os pais podem incorrer nesses erros: 1Coríntios 10:6,11; Romanos 15:4. Pense em famílias mencionadas na Bíblia que ficaram aquém do modelo de paternidade estipulado por Deus. De que forma, como pais, estes personagens bíblicos "provocaram a ira" de seus filhos ou os "incentivaram ao pecado"?

- Adão e Eva (Gn 3,4).
- Noé (Gn 9:20-29).

- Abraão (Gn 12:13; 20:2; cf. Gn 26:7).
- Isaque (Gn 27).
- Jacó (Gn 34:5,7,13ss).
- Eli (1Sm 2:12,13,29; 3:13).
- Davi (2Sm 14:24,28).

_____
_____
_____

PAIS QUE PROVOCAM AO PECADO

Roberto, filho de um advogado famoso por seus livros na área de Direito, compareceu ao tribunal, acusado de falsificação de cheques. O juiz, um velho amigo de seu pai, dirigiu-se a ele com rispidez: "Rapaz, você se lembra de seu pai? Você o tem desonrado".

"Lembro-me perfeitamente", respondeu o jovem com bastante calma. E prosseguiu: "Quando eu o procurava para lhe pedir conselhos ou companhia, ele sempre respondia: 'Vá embora, menino, eu estou ocupado'. Assim, meu pai terminou seu livro, e aqui estou eu".[1] Uma das realidades cruéis da paternidade é que os filhos acabam subindo ou descendo até o nível do pai. Para o bem ou para o mal, eles tendem a refletir o caráter dos pais. Por isso, a Palavra de Deus coloca tanta ênfase na responsabilidade em modelar e treinar os filhos, advertindo os pais contra atitudes e hábitos que provocam os filhos ao pecado e desânimo.

> *E vós, pais, não provoqueis a ira dos vossos filhos,*
> *mas criai-os na disciplina e instrução do Senhor.* (Ef 6:4)

> *Pais, não irriteis vossos filhos,*
> *para que eles não fiquem desanimados.* (Cl 3:21)

---

[1] MERKH, David e Carol Sue. *101 ideias criativas para culto doméstico.* São Paulo: Editora Hagnos, 2003, p. 23.

Como os pais provocam a ira de seus filhos? Em que sentido isso pode desanimá-los? Será que Deus está preocupado apenas com o estado emocional do filho?

Segundo Efésios 4:26,27, é possível ficar irado sem pecar: *Quando sentirdes raiva, não pequeis; [...] nem deis lugar ao diabo*. Entretanto, a ira do homem facilmente leva ao pecado: *... a ira do homem não produz a justiça de Deus* (Tg 1:20). A ira abre a porta para a atuação de Satanás, como aconteceu quando Caim ficou tomado de raiva e matou o próprio irmão (Gn 4:6,7).

Entendemos que os pais precisam tomar muito cuidado para não incitar a ira de seus filhos, levando-os ao pecado e dando oportunidade para que o diabo aproveite essa brecha, minando as emoções dos filhos. No sentido mais profundo desses textos, os pais precisam evitar toda e qualquer atitude ou ação que empurra o filho em direção ao pecado.

Fica evidente que o texto não está dizendo que os pais devem deixar de disciplinar seus filhos, mesmo que neles a disciplina venha a produzir ira. Sabemos que a correção pode produzir intenso sentimento de indignação, mas o seu propósito é desviar o filho do pecado. O filho que fica irritado quando disciplinado revela um coração que não reconhece a graça de Deus nos pais que o corrigem: *Nenhuma disciplina parece no momento motivo de alegria, mas de tristeza. Depois, porém, produz um fruto pacífico de justiça nos que por ela têm sido exercitados* (Hb 12:11).

O "eco" que se ouve na segunda linha de Efésios 6:4 revela que a maneira pela qual os pais evitam provocar a ira do filho (levá-lo a pecar) é pela criação *na disciplina e instrução do Senhor*.

... não provoqueis a ira [...],
mas criai-os na disciplina e instrução do Senhor.

O oposto de provocar a ira dos filhos é criá-los nos caminhos do Senhor. Não fazer nada pelo filho significa condená-lo à tolice nata do seu coração (Pv 22:15). Em outras palavras, os pais que não criam seus filhos nos caminhos do Senhor, instruindo e corrigindo, discipulando e disciplinando, automaticamente os incentivam ao caminho da ira que termina em pecado.

Existem duas maneiras pelas quais os pais provocam a ira dos filhos e os levam ao desânimo e ao pecado:

1. **Provocação direta** — Esta acontece quando os pais ridicularizam, "pegam no pé", xingam ou menosprezam seus filhos. Um pai que zomba de uma parte do corpo do filho, faz "brincadeiras" desagradáveis, envergonha o filho em público ou compra brigas nas refeições familiares é culpado desse pecado.
2. **Provocação indireta** — Esta acontece quando os pais negligenciam, abandonam, não cuidam, não cumprem suas promessas, desconsideram, desrespeitam, disciplinam de forma incoerente ou inconstante, nunca admitem seus erros, não passam tempo com os filhos ou deixam um exemplo negativo, cometendo o pecado de desanimar o filho e incitá-lo a pecar. Pais que nunca se mostram satisfeitos com o que o filho faz podem levá-lo a isso. Pais que mostram favoritismo por um dos filhos ou que fazem comparações entre eles podem desanimá-los.

Cabe aqui uma nota de cautela para os filhos. Ainda que os pais tenham sido muito remissos em suas responsabilidades, o filho continua responsável pela sua reação ao pecado. O fato de os pais errarem (todos erram!) não é desculpa para que os filhos cometam pecado! Mesmo em situações familiares difíceis, a "irritação" provocada pelos pais pode gerar um desses dois resultados. Assim como um grão de areia pode produzir desconforto e bolhas quando dentro do sapato, pode criar uma pérola dentro da ostra.

Como os pais irritam, desanimam e provocam seus filhos ao pecado?

Na Bíblia, encontramos muitos exemplos de pais que falharam no relacionamento com seus filhos e os incentivaram ao pecado. Vamos apresentar alguns dos exemplos mais clássicos e extrair lições práticas dessas histórias:

1. Incentivamos um pecado por ser exemplo desse pecado.
O exemplo dos primeiros pais, Adão e Eva, revela os efeitos desastrosos do pecado dos pais na vida do filho. A natureza pecaminosa transmitida de pai para filho levou Caim a matar seu irmão, Abel (Gn 3—4). A cobiça dos pais continuou ecoando na inveja do filho.

Os filhos iniciam uma carreira de pecado, pois seguem o exemplo de seus pais! Durante nossos primeiros dezoito anos, ou mais que isso, existe a grande tendência de imitarmos um modelo que vemos constantemente. Não é impossível quebrar os maus hábitos que assimilamos em casa, mas isso exigirá uma obra divina sobrenatural. Nosso pecado afeta nossos filhos, não de forma mística, mas pelo exemplo e pelos hábitos de vida que lhes mostramos.

Como pais, temos de vigiar nosso exemplo em casa, para que os pecados que cometemos não sejam repetidos por nossos filhos. Fazer corpo mole no serviço, ser relaxado na vida devocional, reter o dízimo e a oferta que pertencem ao Senhor, promover intrigas, xingar, usar palavrões, ter falta de moderação, tornar-se viciado, ser comilão, assistir a programas e vídeos pornográficos etc. são padrões de vida que "pegam" nos filhos.

2. Nossos vícios são incentivo para que nossos filhos pequem.
Em Gênesis 9:20-29, a história de Noé ilustra o perigo da falta de autocontrole e moderação da parte dos pais. Em um momento de fraqueza, mesmo sendo um grande herói da fé, Noé se embebedou, deixou-se ficar exposto (nu) em sua tenda, criando assim uma situação que levou seu filho Cam a zombar dele e expor sua vergonha. O pecado de Noé levou à maldição da família de Cam, principalmente Canaã.

Os pais podem provocar a ira de seus filhos e levá-los a pecar por meio da escravidão aos vícios. Os vícios — fumo, álcool, drogas, remédios, sono, comida, tudo que escraviza — produzem consequências pecaminosas na vida dos filhos. Geralmente, de uma ou de outra forma, esses vícios trazem vergonha para o pai e para a família. Se o filho não imitar o pai, muitas vezes é marcado por amargura, desonra, ira e o desejo de vingança diante dos excessos dos pais.

Como pais, temos a responsabilidade fundamental de estabelecer hábitos saudáveis de autodisciplina, autocontrole e moderação, deixando um legado que trará aos filhos o orgulho de serem chamados nossos filhos.

3. **Incentivamos nossos filhos a pecar pela nossa mentira.** O pecado do pai Abraão foi repetido pelo filho, que sabia das "meias mentiras" do pai ao dizer que Sarai era sua irmã, e não sua esposa. Depois, Isaque repetiu o pecado do pai, mentindo sobre Rebeca (Gn 12:13; 20:2; 26:7).

Mentira e engano da parte dos pais incentivam os filhos ao pecado. Quando devolvemos um produto para a loja dizendo que veio com defeito, quando de fato nós o quebramos; quando falamos para nosso patrão que estamos doentes, quando simplesmente não queremos trabalhar; quando mandamos bilhete para a professora de nosso filho, inventando uma desculpa pela ausência à aula; quando inventamos desculpas para não desempenhar um serviço na igreja, estabelecemos padrões de mentira na vida de nossos filhos.

4. **Incentivamos nossos filhos a pecar quando abraçamos o mundo.** Ló, parente de Abraão, escolheu habitar cada vez mais perto de um mundo corrupto (Gn 13:12; 14:12; 19:1,30). Acabou contagiando sua família, especialmente suas filhas, com os padrões mundanos. No fim, Deus tirou Ló de Sodoma, mas era tarde demais para tirar Sodoma da sua família. As filhas embebedaram seu pai, deitaram-se com ele e, como fruto do seu incesto, geraram dois povos inimigos do povo de Deus (Gn 19:30-38).

Mundanismo na vida dos pais conduz os filhos ao caminho do pecado. Padrões de entretenimento corrompido, piadas sujas, imoralidade, desonestidade, materialismo e avareza geram consequências potencialmente fatais na vida dos filhos.

5. **Incentivamos nossos filhos a pecar pelos conflitos familiares.** A história das famílias de Isaque e Jacó ilustra os efeitos desastrosos de conflito familiar (Gn 25—50). O pecado dos pais, inclusive rivalidade entre esposas, favoritismo, intriga, engano, mentira e muito mais, produz os mesmos pecados na vida dos filhos, além de tristeza, separação, ira, ameaças e morte.

   Entre irmãos, não pode haver competição pelo amor dos pais ou engano dos pais (segredos guardados do papai ou da mamãe). Os pais precisam apresentar uma frente unida na criação dos filhos. Precisam ser sensíveis à rivalidade entre irmãos e não permitir que nenhum filho fique no centro do universo familiar.

6. **Incentivamos nossos filhos ao pecado pela falta de liderança no lar.** Jacó foi um pai passivo e omisso quando sua filha, Diná, foi estuprada por um príncipe pagão. Ficou calado, esperando que seus filhos chegassem em casa para tomar uma atitude. Deixou que eles resolvessem uma situação que era da sua responsabilidade, como pai (Gn 34:7). Como resultado, seus filhos Simeão e Levi colocaram em risco o futuro de Israel ao massacrarem os homens de uma cidade inteira (Gn 34:5,7,13ss; v. o caso de Davi e Amnom, Tamar e Absalão).

   Pais relaxados e pais ausentes forçam a esposa e os filhos a ocuparem posições de autoridade nunca intencionadas por Deus. Deus chama o pai para ser o responsável pelo bom andamento da família, para ser o provedor e o protetor do lar. O pai que larga a família por causa da sua carreira ou do seu ministério pode lamentar os resultados quando seus filhos se desviarem do caminho da sabedoria.

Conclusão

Existem muitas maneiras pelas quais os pais podem provocar seus filhos à ira e ao pecado, causando-lhes grande desânimo até o ponto de desistirem da sua fé. Entretanto, os pais que criam seus filhos na admoestação e na disciplina do Senhor, com carinho e firmeza, encontrarão na graça de Deus seu maior recurso para uma família equilibrada e saudável.

LIÇÃO 12

A dor do leproso: disciplina no lar

> Princípio de construção
> *Deus chama os pais para administrar as consequências do pecado de seus filhos, a fim de mantê-los no caminho em que devem andar.*

- **Objetivos do estudo**

Como resultado deste estudo, os membros do grupo devem ser capazes de:

- Reconhecer o lugar estratégico que a disciplina tem na criação dos filhos.
- Entender o papel dos pais como administradores das consequências do pecado dos filhos.
- Traçar os resultados da falta de disciplina na vida dos filhos quando crianças.

Sugestões didáticas:

1. Esta lição e a próxima estão entre as mais polêmicas de toda a série *Construindo um lar cristão*. O grupo precisa orar com sinceridade para compreender a vontade de Deus quanto à disciplina dos filhos. Apeguem-se ao texto bíblico e permitam que ele fale por si mesmo.

2. Nesta lição, não se detenham demais em questões e dúvidas sobre a prática da disciplina, pois essas questões serão levantadas e respondidas no próximo estudo.

TERRAPLENAGEM

Memórias

- **Procedimento:** Encoraje os membros a compartilharem com o grupo algumas de suas memórias sobre a disciplina que receberam no passado. (Verifique que ninguém se sinta constrangido, especialmente se teve uma infância difícil. O momento não deve ser pesado demais.)

Perguntas que podem ajudar:

- Qual foi a sua maior "aprontação" em casa quando você era criança?
- Qual foi a maior "aprontação" na escola? Quais as consequências dessa "arte"?
- Seus pais diriam que você era uma criança obediente ou traquina?
- Você "aprontou" alguma vez, sem que sua "arte" fosse descoberta?

FIRMANDO ALICERCES

Compartilhe suas reações e dúvidas sobre a leitura do artigo "Pais que provocam ao pecado" (p. 173).

[?] Alguém do grupo pode compartilhar sobre as áreas em que se vê mais tentado a "provocar a ira de seus filhos"?

_____
_____
_____

ERGUENDO PAREDES

Hoje, no que diz respeito à disciplina dos filhos no lar, os pais enfrentam algumas batalhas que, possivelmente, não têm precedente na história do mundo. Em termos gerais, a perspectiva da sociedade sobre disciplina infantil tende a ser bem negativa. Embora haja exceções, inclusive entre educadores "seculares", a maioria se posiciona totalmente contra a disciplina corporal. Outros afirmam que a disciplina reprime a criatividade da criança. Propõem o conceito de que, basicamente, a criança tem uma boa natureza, mas que é preciso um bom ambiente para que essa natureza floresça. Leis que tramitam contra a disciplina dos filhos ameaçam pais que querem seguir um padrão bíblico.

Existem movimentos reagindo contra essa anarquia no lar. Muitos pais estão insatisfeitos com uma geração de filhos fora de controle, que transformam os pais em reféns. Os professores talvez sofram ainda mais, pois colhem os frutos amargos de indisciplina no lar.

Alguns pais (e professores) estão se voltando para uma perspectiva mais equilibrada, que reconhece a necessidade de limites, confrontação e disciplina.

1. Quais as evidências que você tem visto de que o mundo está num estado de confusão quando se trata da disciplina infantil? Do seu ponto de vista, como o mundo atualmente encara a disciplina de crianças?

_____
_____
_____
_____

2. Quais os fatores culturais que têm levado tantos pais, psicólogos, sociólogos e até mesmo países inteiros a rejeitarem a disciplina corporal de filhos (o uso da vara ou outros instrumentos de disciplina)?

Os maus-tratos e espancamento de crianças, praticados por pais doentios e que não respeitam princípios bíblicos, têm influenciado muito. A maneira como a natureza da criança é encarada também diz muito sobre os métodos aceitos como válidos na disciplina. Ao contrário do que diz a Bíblia, muitos hoje consideram a criança como essencialmente boa. Para esses, os defeitos de caráter surgem como um produto do seu ambiente. Sendo assim, é presumido que, no futuro, a criança tratará os outros como ela mesma foi tratada. Por consequência, a disciplina é rejeitada em prol de outras técnicas de controle, como o chamado "behaviorismo", ou seja, comportamentalismo.

3. Leia Gênesis 3:16-19. Em que sentido a dor faz parte necessária da disciplina da graça de Deus depois do pecado?

O ser humano foge da dor. Têm sido criadas ciências para eliminar a dor da vida humana. Parece provável que a dor (ou pelo menos um aumento de dor) seja consequência natural do pecado.

Em Gênesis 3, pela primeira vez, vemos a "dor" sendo aplicada na disciplina de Eva. A mulher sofreria na gravidez (e provavelmente durante todo o processo de criação de filhos) e no parto, ao trazer novos pecadores ao mundo. Para ganhar o pão, o homem teria de experimentar a dor no trabalho da terra, incluindo fadigas, suor e, eventualmente, a morte. Haveria dor no relacionamento conjugal, causada pelo conflito de competição entre o casal. Mas toda essa dor serviria ao duplo propósito de lembrar a todos as consequências do pecado e levá-los à esperança da semente da mulher que poria fim ao sofrimento.

4. Leia Apocalipse 21:4. Qual o destino final da dor para os salvos? Compare com o destino final dos incrédulos (Ap 20:11-15).

_____
_____
_____

Pelo fato de Jesus ter tomado sobre si as nossas dores (Is 53:4), não haverá mais dor para os salvos quando forem criados os novos céus e a nova terra! Isso significa que não haverá mais perigo, dificuldade, maldição ou morte. Para os incrédulos, porém, haverá uma existência perpétua caracterizada pela dor constante, sem alívio.

Nesta vida, a dor serve como alerta, um aviso de perigo e uma lembrança da nossa fragilidade, pecaminosidade e de que este mundo não é o nosso destino final. A dor administrada pelos pais serve como ferramenta eficaz para fazer os filhos reconhecerem sua natureza pecaminosa, se arrependerem e procurarem uma solução em Cristo Jesus. Quando administrada fielmente pelos pais, desde cedo, a disciplina faz o filho associar a dor com o perigo do pecado. O ideal é que ele fuja do pecado e caminhe para Cristo.

5. Leia Eclesiastes 8:11. Muitos reclamam da impunidade na sociedade. Mas tudo começa no lar. Reflita acerca do valor que a dor tem em nossa vida. Pense em como seria nossa vida se não houvesse dor para nos alertar sobre problemas e perigos. Anote aqui alguns exemplos benéficos da dor física, da dor emocional, social e espiritual:

_____
_____
_____

A dor física nos alerta sobre a presença de doença, feridas, dentes comprometidos etc. Quando algum membro do corpo formiga, a dor nos alerta, revelando que estamos com problema de circulação. A dor emocional nos faz lembrar da preciosidade que são nossos entes queridos. A dor social impede-nos de cometer "besteiras" entre as pessoas. A dor "espiritual" nos faz retornar para Deus, pois experimentamos um vazio quando estamos desgarrados e distantes dele.

6. As histórias da Bíblia foram registradas para nossa instrução (1Co 10:6,11; Rm 15:4). Leia a história de Eli e seus filhos, Hofni e Fineias, em **1Samuel 2:12-17,22-25,29,30; 3:12,13; 4:17,18** e preencha a terceira coluna do gráfico a seguir. O que pode acontecer quando os pais não assumem a responsabilidade de impor limites, contrariar e disciplinar os filhos?

Textos	Ênfase	Descrição
1Sm 2:12-17 1Sm 2:22 1Sm 2:25	Pecados dos filhos	
1Sm 2:23,24 1Sm 2:29 1Sm 3:13	Resposta (ou não resposta) do pai	
1Sm 2:25 1Sm 2:30-34 1Sm 3:12,13	Resultado(s)	

Deus escolheu os pais como agentes amorosos de disciplina na vida dos próprios filhos, para que estes não precisem "apanhar" do mundo e de seus agentes não amorosos e não graciosos. Tanto melhor para o filho (e para os pais) quando ele recebe doses "homeopáticas" de dor física, aplicada na "poupança" da aprendizagem, sem motivos vingativos, nos primeiros anos de sua vida, enquanto ainda há esperança de mudança. A dor providenciada pelo mundo muitas vezes será cruel, irreversível, descontrolada, atrasada demais, sem esperança e amor.

7. Quais as razões por que alguns pais se recusam a disciplinar seus filhos atualmente? **Leia Provérbios 13:24; 23:13,14** e resuma o que a Bíblia diz a respeito.

_____
_____

Os pais não disciplinam seus filhos por vários motivos, inclusive por terem medo de machucá-los, porque temem ser rejeitados por eles, porque ouvem vozes ao redor que dizem que a disciplina pode prejudicá-los, por traumas disciplinares da sua própria infância, por falta de exemplos e instrução positivos e por muitas outras razões. A Bíblia deixa claro que os pais que amam seus filhos PRECISAM discipliná-los, administrando dor saudável para desviá-los do pecado.

Conclusão

Na próxima lição, estudaremos em mais detalhes o que a Bíblia ensina sobre POR QUE e COMO disciplinar nossos filhos. Por agora, cabe aos pais tomarem uma decisão: a quem ouvirão nessa questão de disciplina dos filhos: ao mundo ou a Deus? Cuidado com a sua resposta! Rejeitar a autoridade bíblica como antiquada, culturalmente condicionada ou irrelevante pode ser perigoso para a saúde espiritual e física, tanto dos pais quanto dos filhos!

Como grupo, orem por coragem para seguir os conselhos de Deus, e não do mundo, na disciplina de seus filhos.

Inspecionando a construção

Leia o artigo, abaixo, "A dor do leproso".

> **(?)** Avalie seus hábitos na disciplina dos filhos. Em que você tem falhado? Em que você tem sido **demasiadamente** influenciado pelo mundo, e não pela **Palavra de Deus**? Anote aqui uma área em que você pretende mudar, com a graça de Deus:
>
> _____
> _____
> _____

Acabamento

> **(?)** Em 2Samuel 13 e 14, estude sobre **a vida de Davi com relação** a seus dois filhos indisciplinados — **Amnom e Absalão**. O que Davi fez de errado? Quais as **consequências dessa ação**? Como Davi poderia ter amenizado a situação?
>
> _____
> _____
> _____

A DOR DO LEPROSO

Eu tinha 19 anos e estava em um lugar em que nunca imaginara chegar. Havia viajado com um time evangélico de futebol para jogar em aldeias do interior da Costa do Marfim, na África. Ao mesmo tempo, nós, jogadores, nos revezaríamos para pregar o evangelho. Chegou a minha vez. Seria aquela a segunda vez na minha vida em que eu pregaria, e seria por intermédio de DOIS intérpretes: do inglês para o francês, e do francês para o dialeto local. No entanto, não foi nada disso que me assustou naquele dia, e sim o meu auditório. Meus ouvintes eram pessoas leprosas.

Nunca vou me esquecer de uma senhora que entrou na igreja engatinhando sobre os cotovelos e joelhos (faltavam-lhe os braços e as pernas). A imagem do pastor daquela igreja ficou gravada na minha mente: um senhor quase cego, também sem um braço e as pernas, mas que fiel e incansavelmente pregava Jesus.

Depois daquela experiência, pesquisei um pouco sobre a lepra, hoje conhecida como hanseníase, e descobri algo muito interessante. Os danos pessoais por que passa o leproso não são causados pela doença em si, mas pela consequência indireta da doença. Simplificando, a lepra causa uma insensibilidade à dor, levando a pessoa atingida a não perceber feridas e outros problemas físicos. O resultado? Sem esse sinal de dor, o corpo fica prejudicado a tal ponto que perde dedos, pés, braços, orelhas. Uma coisa simples como a falta de circulação no pé, que leva uma pessoa normal a sentir o pé formigando, pode levar à amputação do pé do leproso.

A "dor do leproso" — ou melhor, a ausência de dor — causa grandes prejuízos físicos. Minha experiência naquela vila africana me fez pensar em outro prejuízo. A Palavra de Deus nos diz: *Meu filho, não rejeites a disciplina do* SENHOR, *nem te canses da sua repreensão; porque o* SENHOR *repreende a quem ama, assim como o pai repreende o filho a quem quer bem* (Pv 3:11,12). A disciplina bíblica, produto do amor de um pai, visa providenciar "nervos espirituais" para o filho. A "dor física" ajuda o filho a entender que a desobediência, a rebeldia, a mentira e outros pecados são altamente prejudiciais para a sua saúde espiritual. O pai que se recusa a disciplinar seu filho é culpado de criar um "leproso espiritual".

Por isso, Provérbios também nos alerta: *A tolice está ligada ao coração da criança, mas a vara da correção a livrará dela* (22:15).

O pai que ama sua popularidade mais do que a seu filho; o pai inseguro, que teme perder o amor do filho; o pai infectado por conceitos antibíblicos; o pai que nunca teve o privilégio de uma instrução bíblica sobre correção no lar; o pai ausente ou negligente; todos os que deixam de corrigir seus filhos correm o risco de criar leprosos espirituais. Provérbios nos alerta: *Odeia seu filho quem o poupa da vara, mas quem o ama o castiga no tempo certo* (13:24). Por isso, pais, temos de disciplinar nossos filhos. Por isso, os filhos precisam receber a instrução e crescer em sabedoria.

Os pais que não seguem o conselho divino sobre criação de filhos também colocam seus filhos em grande perigo de morte prematura, tanto física quanto espiritual: *Não retires a disciplina da criança, pois, se a castigares com a vara, ela não morrerá. Castigando-a com a vara tu a livrarás da sepultura* (Pv 23:13,14; cf. 19:18). Há precedente suficiente nas páginas da Bíblia para nos alertar sobre essa possibilidade. Eli, Samuel e Davi, mesmo sendo líderes espirituais, perderam seus filhos justamente pelo fato de não os disciplinarem biblicamente. Os filhos morreram como "leprosos espirituais", pois nunca tiveram a expressão de amor paterno por meio da administração cuidadosa da vara e da repreensão.

Sem dúvida nenhuma, o alto índice de maus-tratos às crianças deve nos assustar e alertar. Entretanto, disciplina bíblica com a vara não significa espancar uma criança.

O fato de algumas pessoas abusarem do princípio bíblico não deve fazer com que joguemos fora o princípio. Se algumas pessoas são comilonas, isso não significa que preciso parar de comer. Se um amigo meu morreu em um acidente de carro, ainda vou dirigir, se bem que com mais cuidado. Não disciplinar seu filho somente porque algumas pessoas abusam do princípio bíblico simplesmente não faz sentido.

O fruto da disciplina bíblica vem depois. *Corrige teu filho, e ele te dará descanso, sim, ele agradará teu coração* (Pv 29:17). Quando foi a última vez que você viu um pai que não disciplinava seus filhos "descansado"? Muito ao contrário! Infelizmente, a criança não disciplinada cresce para, mais tarde, tornar-se insuportável. Como Provérbios diz, ... *a criança entregue a si mesma envergonha sua mãe* (29:15).

A criança disciplinada biblicamente *dará delícias* aos pais (Pv 29:17, ARA). É interessante notar que a palavra "delícias" foi usada para comidas finas e luxuosas, a comida de reis (Gn 49:20;

Jr 51:34). Quem começa cedo a corrigir seu filho e continua firme participará de um "banquete real" como convidado dos próprios filhos.

Quando visitei aquela colônia de leprosos, senti muita compaixão das pessoas que já tinham perdido tanto pela falta de sensibilidade física. Hoje, tenho muito mais compaixão das crianças cujos pais se recusam a administrar "dor física" para que não sejam leprosos espirituais. Os resultados dessa insensibilidade são eternos.

LIÇÃO 13

Princípios bíblicos de disciplina

> Princípio de construção
>
> *Os pais devem usar os recursos bíblicos para disciplinar seus filhos de maneira graciosa, apropriada, coerente e consistente.*

■ Objetivos do estudo

Como resultado deste estudo, os membros do grupo devem ser capazes de:

- Explicar os passos bíblicos que são dados a seguir para serem aplicados na disciplina de uma criança.
- Traçar aplicações práticas dos princípios de Provérbios acerca da disciplina dos filhos.
- Responder a algumas das dúvidas mais comuns sobre a disciplina dos filhos.

Sugestões didáticas:

Como a lição anterior, este é um dos estudos mais polêmicos de toda a série *Construindo um lar cristão*. Preparem-se, como grupo, com muita oração.

TERRAPLENAGEM

Caos disciplinar

- **MATERIAL NECESSÁRIO:** fichas de papel; lápis.
- **PROCEDIMENTO:** Entregue duas fichas de papel para cada membro presente. Explique que, na primeira ficha, eles devem descrever uma situação imaginária de disciplina que envolva um ou mais filhos. Na outra ficha, devem anotar uma forma errada (até engraçada) de lidar com a situação descrita na primeira ficha. Recolha os papéis e misture as situações em uma pilha e as respostas em outra pilha. Agora, escolha e leia, aleatoriamente, uma ficha da primeira pilha e uma resposta da outra pilha, também tomada ao acaso, e veja a confusão em que resulta a atividade!

FIRMANDO ALICERCES

Compartilhe suas reações e questionamentos depois de ler o artigo "A dor do leproso" (p. 186).

Depois do estudo anterior, seria oportuno que um dos membros do grupo compartilhasse áreas em que, com a graça de Deus, precisa melhorar em termos de disciplina dos filhos.

_____

_____

ERGUENDO PAREDES

Algumas pessoas têm a impressão de que o livro de Provérbios só se refere ao "uso da vara" na disciplina de crianças. Mas o ensino bíblico sobre disciplina é muito mais abrangente que isso. Em dias em que qualquer forma de disciplina caiu em desgraça, precisamos resgatar uma perspectiva bíblica sobre essa ferramenta fundamental na educação de filhos. A disciplina bíblica tem como propósito principal revelar para o filho o estado pecaminoso do seu coração e levá-lo à salvação em Cristo.

Infelizmente, muitos pais são mais influenciados pelas recomendações do *expert* "X" ou da psicóloga "Y" do que pela Palavra de Deus. Por isso, a ênfase desta lição será em estudo indutivo, ou seja, diretamente derivado do texto bíblico, sobre princípios de disciplina bíblica. Se possível, o grupo deve se dividir em pequenos grupos de estudo de três ou quatro pessoas, para analisar dois dos textos na tabela a seguir. Procurem princípios sobre disciplina em cada referência, com aplicações para a disciplina de filhos hoje. Depois, compartilhem os resultados com o grupo todo.

Referência	Princípio	Aplicação
Pv 3:11,12 (cf. Hb 12:5-11)		
Pv 13:24		
Pv 19:18		
Pv 19:19		
Pv 22:15		
Pv 23:13,14		
Pv 29:15		
Pv 29:17		

Resumo

1. À luz do seu estudo, quais os benefícios de uma disciplina coerente para os filhos?

_____
_____

A disciplina bíblica dá esperança de vida; livra de morte prematura; evita que o filho volte a cometer os mesmos erros repetidas vezes; remove a tolice do coração; livra do inferno (provavelmente da morte prematura, mas no progresso da revelação bíblica, também da morte espiritual); dá sabedoria; dá paz (descanso) e prazer (delícias) aos pais.

2. À luz do seu estudo, quais os perigos de não disciplinar os filhos?

_____
_____

A falta de disciplina dos filhos revela um defeito na paternidade, o que a Bíblia caracteriza como ódio (talvez porque os pais amem mais a si mesmos e cuidem mais de seu conceito diante dos filhos do que do próprio filho); pode causar a morte prematura; pode condenar o filho a repetir os mesmos erros, sem remover a tolice do seu coração; pode envergonhar os pais e, mais tarde, trazer muito trabalho e desgosto para eles.

3. Leia em voz alta e avalie cada declaração do "Resumo dos princípios de disciplina em Provérbios", dado a seguir:

- Disciplina é uma expressão de amor.
- Disciplina tem de ser administrada com diligência e coerência.
- Disciplina não deve ferir a criança.
- Disciplina visa à restauração e correção, e não à punição.
- Disciplina pode incluir técnicas, como: repreensão, advertência, consequências estruturadas e naturais.

- Disciplina é necessária por causa da natureza pecaminosa da criança.
- Disciplina apropriada não prejudicará a criança.
- Disciplina pode levar a criança à fé e livrá-la da morte prematura.
- Disciplina resulta em uma vida agradável e bem-sucedida para a criança e para os pais!

_____
_____
_____
_____

4. Leia o "Procedimento em um caso de disciplina", a seguir. Com que pontos você concorda? De quais você discorda? Precisa de mais explicações?

_____
_____
_____
_____

Procedimento em um caso de disciplina

A seguir, uma sugestão de elementos que podem e devem fazer parte, se não de todas as formas de disciplina, pelo menos em muitas ocasiões em que a correção se torna necessária. Não desanime, pensando que nunca será capaz de fazer tudo isso. Lembre-se de que a criação de filhos é um processo, e não um evento.

1. **Ensinar os limites com ordens e proibições claras, em tom normal de voz, sem repetição e sem ameaça.** "Ameaça" significa uma consequência prometida pelos pais, mas que eles não pretendem cumprir. Não constitui nenhuma ameaça advertir o filho sobre consequências que ele pode esperar se continuar na desobediência.

2. **Esperar uma resposta verbal do filho.** Um "Sim, mamãe", depois de ter dado uma ordem. Exigir obediência bíblica, ou seja, imediata, inteira e interior.

3. **Depois da ofensa, verificar com calma se houve de fato desobediência** e esclarecer a natureza da ofensa com a criança, em particular. Trabalhar a questão da raiz do pecado, e não somente o comportamento. Por exemplo, egoísmo, cobiça, ódio, vaidade e mentira. Essa é uma boa oportunidade para apontar para a pessoa e obra de Jesus Cristo na cruz, como solução para o problema do pecado em nós.
4. **Explicar as consequências do pecado.** Na medida do possível, devem ser diretamente ligadas à ofensa, para que a criança associe o erro ao castigo. Quando isso não for possível, os pais devem providenciar explicações claras do motivo da disciplina.
5. **Administrar a disciplina de forma apropriada**, sem gritaria, ira ou excesso.
6. **Estar certo de que a criança aceitou a disciplina** sem resmungar, espernear ou resistir. Permitir que ela chore, mas que expresse seu remorso ou tristeza de forma não escandalosa.
7. **Esperar por um pedido de perdão (não "desculpas").** Os pais terão de ensinar a diferença: perdão pede-se por ofensas propositais e pecaminosas; desculpas pede-se por acidentes. Ao mesmo tempo, ensinar a importância de arrependimento e reconstrução de relacionamentos. O verdadeiro arrependimento virá acompanhado por restituição pelos danos provocados pela desobediência.
8. **Expressar seu amor pelo filho** de forma apropriada (um abraço, um tempo juntos).
9. **Orar com o filho.**
10. **Esquecer-se da ofensa e restaurar a comunhão.**

INSPECIONANDO A CONSTRUÇÃO

Leia na página seguinte, "O Manifesto sobre Disciplina". Depois da leitura do artigo, anote aqui uma observação ou uma dúvida que você tenha sobre a disciplina de filhos:

Observação:

Dúvida:

ACABAMENTO

(?) O Novo Testamento ensina que disciplina também faz parte da vida da igreja. **Veja Mateus 18:15-20.** Quais os paralelos entre a disciplina aplicada aos filhos e a disciplina aplicada aos membros da igreja? Quais as diferenças? Por que tão poucas igrejas hoje praticam a disciplina bíblica?

O MANIFESTO SOBRE A DISCIPLINA

Diante da grande polêmica envolvendo questões sobre a disciplina de crianças, esclarecemos nossa compreensão do assunto à luz da Palavra de Deus e baseado nas práticas da realidade atual.

A Situação Atual

- Reconhecemos, lamentamos e repudiamos a triste realidade de violência doméstica, maus-tratos de crianças e adolescentes, abuso sexual, abandono e negligência.

- Entendemos que os governos do mundo têm como principal responsabilidade dada por Deus a proteção de seus cidadãos, inclusive as crianças; compreendemos a necessidade de leis inibindo práticas de violência, abuso etc.

- Ressaltamos a responsabilidade principal dos pais na educação dos filhos como garantido pelo Código Civil Brasileiro, artigo 1634 da Lei nº 10:406 de 10 de Janeiro de 2002, que diz:

  "Compete aos pais, quanto à pessoa dos filhos menores:
  I. Dirigir-lhes a criação e educação;
  II. tê-los em sua companhia e guarda;
  III. conceder-lhes ou negar-lhes consentimento para casarem...
  VII. exigir que lhes prestem obediência, respeito e os serviços próprios de sua idade e condição".

- Percebemos, ao mesmo tempo, uma rejeição generalizada de práticas saudáveis de disciplina, por parte da sociedade em geral e até na igreja, em particular.

- Entendemos que parte dessa rejeição deve-se aos conceitos equivocados sobre a disciplina bíblica e à disseminação de conceitos psicológicos e populares contrários às Escrituras.

- Afirmamos a necessidade de uma perspectiva bíblica equilibrada, sábia e prática.

CREDO

À luz da situação atual e dos textos bíblicos acima, afirmamos o que cremos à luz das Escrituras sobre disciplina no contexto do lar:

Cremos...

- Que a disciplina do pecado é uma das principais ferramentas que Deus utiliza para expor a natureza pecaminosa do ser humano e conduzi-lo à salvação em Cristo Jesus (Pv 22:15; 20:30).

- Que a disciplina é necessária e deve-se à natureza pecaminosa de TODA criança; a criança não nasce como uma *tábula rasa* que só precisa de treinamento positivo, muito menos como centro nato de inteligência que só precisa ser descoberta e liberta (Pv 22:15; Sl 51:5; 58:3-5).

- Que a disciplina bíblica tem o efeito principal de conceder *sabedoria* à criança — ou seja, de apontar e direcionar a criança *no caminho em que deveria andar* (cf. Pv 22:6) e a uma vida bem-sucedida da perspectiva de Deus (Pv 29:15).

- Que Deus ordenou que os pais fossem os principais instrumentos de disciplina na vida dos filhos (Pv 13:24 etc.)
- Que um mundo que *jaz no maligno* (1Jo 5:19) apresenta estratégias satânicas para enganar os pais e privá-los da ferramenta de disciplina que expõe o coração e leva a Cristo.
- Que a falta de disciplina pontual leva à impunidade e, eventualmente, à destruição da sociedade (Ec 8:11).
- Que a disciplina sempre visa à restauração, e nunca à vingança ou punição (Pv 29:15,17; Mt 18).
- Que a administração de disciplina se restringe àqueles que a usarão de forma apropriada, sob medida, sem machucar, ferir ou prejudicar a pessoa sendo disciplinada e, sim, beneficiá-la (Pv 23:13,14).
- *A vara e a repreensão dão sabedoria, mas a criança entregue a si mesma, envergonha a sua mãe.* (Pv 29:15).
- Que a disciplina bíblica deve ser coerente, pontual (logo após a ofensa), restauradora e diligente (Pv 13:24).
- Que a disciplina bíblica deve ser PARTICULAR; seu propósito não é envergonhar a criança, muito menos expô-la de forma pública.
- Que a falta de disciplina por parte dos pais pode ser sinal de preguiça, indiferença, ignorância ou egocentrismo (Pv 3:11,12; 13:24).
- Que a falta de disciplina pode culminar na morte prematura do filho e até sua morte espiritual (Pv 19:18; 23:13,14).
- Que a decadência que prevalece no mundo atual, junto com a desobediência generalizada aos padrões bíblicos de educação de filhos, significa que muitos pais estarão equivocados na prática da disciplina; por isso, torna-se necessário um treinamento e mentoreamento cuidadoso não somente sobre formas de disciplina bíblica, como também de princípios de discipulado familiar.

- Que todas as formas de disciplina envolvem algum tipo de repreensão que sempre visa ao bem da pessoa sendo disciplinada.
- Que várias formas e medidas disciplinares têm apoio bíblico, inclusive e especialmente depois do desenvolvimento racional de pensamento abstrato por parte da criança; esses métodos segundo a Palavra de Deus, incluem:
  - Disciplina (Pv 13:24; 23:13,14; 22:15; 29:15);
  - advertência (cf. Gn 4:6,7);
  - admoestação verbal (Ef 6:4);
  - consequências naturais (Pv 19:19);
  - a perda de privilégios (cf. Gn 3:22,24);
  - restituição (Lc 19:8; cp. Lv 6:2-5; Nm 5:5-7; Êx 22:9).

PARTE IV

O filho,
o futuro e os confins da terra

LIÇÃO 14

O filho e seu futuro

> **Princípio de construção**
> *Na orientação dos filhos quanto às decisões importantes do futuro, os amigos mais próximos devem ser os pais.*

■ Objetivos do estudo

Como resultado deste estudo, os membros do grupo devem ser capazes de:

- Entender a responsabilidade que lhes foi entregue por Deus de orientar os filhos nas decisões difíceis da adolescência e da juventude.
- Identificar princípios bíblicos que norteiam quanto à escolha de um cônjuge.
- Por intermédio de um relacionamento aberto, transparente, sincero e amigável, resgatar sua influência na vida do filho, para que esteja pronto a oferecer orientação sobre o futuro.

Sugestões didáticas:

1. Alguns membros do grupo podem apresentar seu testemunho sobre o que fizeram para orientar seus filhos em sua futura vocação ou em seu futuro casamento. Talvez outros queiram compartilhar a respeito do que os próprios pais fizeram para ajudá-los a se preparar para o futuro.

2. Não é cedo demais para que o grupo planeje a formatura que marcará o final desta etapa de estudos. Na introdução deste manual, há ideias sobre isso.

3. Um livro que pode ajudar muito no preparo dos filhos para o futuro casamento é *O namoro e noivado que DEUS sempre quis*, de David Merkh e Alexandre Mendes, e *Perguntas e respostas sobre o namoro e noivado*, publicados pela Editora Hagnos.

TERRAPLENAGEM

Bexigas no ar

- MATERIAL NECESSÁRIO: Duas bexigas de borracha vazias para cada casal; um pincel atômico para cada casal.

- PROCEDIMENTO: Cada casal deve encher suas bexigas e escrever nelas alguns dos princípios ou lições práticas de que conseguir se lembrar. Dado o sinal, depois que todos estiverem prontos, os casais devem jogar as bexigas para o ar, no meio do grupo. Como grupo, procurem manter todas as bexigas no ar tanto tempo quanto possível (quem quiser, pode cronometrar esse tempo e repetir o exercício algumas vezes, na tentativa de quebrar seu "recorde").

  Dado outro sinal, cada pessoa deve pegar a bexiga mais próxima e responder às seguintes perguntas:

  - Conforme o que você escreveu na sua bexiga, quais foram as lições aprendidas durante os estudos?
  - Foi fácil ou difícil manter todas as bexigas no ar?
  - Você acha que é fácil fazer tudo o que você sabe que precisa fazer na criação dos seus filhos? Do que mais é preciso lembrar?

- VARIAÇÃO: Para dificultar ainda mais a tarefa e ao mesmo tempo ilustrar como é difícil, por nós mesmos, manter "todas as bolas no ar", diminua o número de pessoas que, no meio da sala, tentam manter as bexigas no ar.

FIRMANDO ALICERCES

(?) Compartilhe seus pensamentos sobre a leitura do artigo "O manifesto sobre a disciplina" (p. 196). Quais as dúvidas que você ainda tem sobre o assunto?

_____
_____
_____
_____

ERGUENDO PAREDES

Preparar os filhos para o futuro é um dos principais alvos de todo bom pai. Muitas vezes, a questão do futuro aflora tanto na mente dos pais quanto na mente dos filhos. Os filhos se perguntam:

- O que fazer com a minha vida?
- Devo fazer uma faculdade? Qual? Como vou pagar meu curso?
- Qual a melhor vocação?
- Devo me casar? Com quem?
- Onde morar?

Os pais, por sua vez, têm outras indagações:

- Como orientar melhor os filhos sobre as decisões importantes que têm de tomar?
- Até que ponto devemos interferir na vida deles?
- Que "direito" temos de nos envolver no namoro/noivado dos filhos?
- O que fazer quando os filhos deixam o lar?
- Até onde podemos nos envolver com os "negócios" dos filhos, depois de eles deixarem a nossa casa?

Nesta lição, focalizaremos somente algumas dessas perguntas, especificamente aquelas que tocam na orientação que os pais devem dar aos filhos quanto a questões sentimentais (namoro, noivado e casamento) e à escolha de um cônjuge, caso seja essa a vontade de Deus.

O papel dos pais

Os pais têm papel essencial na preparação dos filhos para o futuro. Precisam evitar viver a vida no lugar do filho, ou viver a própria vida novamente por intermédio dele.

1. Leia os textos a seguir. Mesmo falando principalmente sobre obediência às autoridades civis, o princípio aplica-se também à autoridade dos pais. Qual a ordem dada em cada texto? Qual a responsabilidade dos subordinados? Qual a responsabilidade das autoridades?

    1Pedro 2:13-15

    _____
    _____
    _____

    Romanos 13:1-4

    _____
    _____
    _____

Muitas vezes, a vontade de Deus revela-se por intermédio das autoridades que Ele coloca em nossa vida. Como já vimos, as autoridades são como guarda-chuvas que nos protegem das tempestades da vida. Enquanto permanecemos debaixo deles, estamos seguros. Fora da sua cobertura, estamos expostos a muitos perigos. Os pais não podem deixar de aceitar a responsabilidade que têm de orientar seus filhos; os filhos precisam ouvir e honrar os pais.

A nossa cultura nos ensina que a autoridade dos pais termina quando o filho chega aos 18 anos de idade. Entretanto, essa lei não se encontra em nenhum lugar na Bíblia. No texto sagrado, não há nada específico sobre os 18 anos. A realidade, no entanto, mostra que é DEPOIS de completar 18 anos, e não ANTES de atingir essa idade, que o jovem precisa tomar as decisões mais importantes em sua vida. Os pais precisam se posicionar de tal forma que, mesmo com os filhos adultos, eles consigam influenciá-los nesse período de escolhas. É justamente nessa época que há uma transição da autoridade para a amizade entre pais e filhos. O que o filho adulto mais necessita é de um pai (ou de uma mãe) amigo, de confiança, sábio, que observe os pontos cegos e que, com autoridade, o oriente pelos labirintos da vida.

2. Discutam, como grupo, esta questão: Qual deve ser o papel dos pais na vida dos filhos depois dos 18 anos?

_____
_____
_____
_____
_____

Podemos afirmar que os pais continuam como autoridade na vida dos filhos, mesmo depois da maioridade. Essa autoridade, porém, deve ser exercida de maneira menos "autocrata" e mais "amigável". Enquanto o filho continua sob a autoridade dos pais, tem a responsabilidade de honrá-los e obedecer-lhes em suas orientações. Os pais devem fazer de tudo para cumprir essa responsabilidade, ajudando o filho nas decisões difíceis que precisa tomar.

3. Uma das principais responsabilidades dos pais é preparar seus filhos para seu futuro lar. Em Provérbios 5—7, o sábio Salomão recomenda que o pai faça, com seu filho, justamente isto: ofereça orientação sobre relacionamentos com o sexo oposto. Leia os textos a seguir, anotando o princípio que os pais devem inculcar na vida dos filhos quanto aos relacionamentos com o sexo oposto.

Texto	Princípio
Provérbios 18:22	
1Coríntios 6:18-20	
2Coríntios 6:14	
Efésios 6:1-3	
1Tessalonicenses 4:3-8	

A Bíblia não fala especificamente sobre o namoro ou noivado. Entretanto, traz princípios que se aplicam diretamente ao relacionamento a dois. Relacionamentos fazem parte de uma guerra espiritual. Fazem parte também do reflexo da imagem de Deus (Gn 1:27). Por isso, devemos proteger a santidade da imagem de Deus a qualquer custo! O relacionamento entre rapazes e moças é uma questão séria, e não uma "brincadeira"!

4. Como grupo, vocês conseguem se lembrar de alguns exemplos de namoro-noivado-casamento em que os pais do casal estavam envolvidos de forma sadia? O que vocês admiraram nesse relacionamento? Por quê?

_____
_____
_____
_____

5. Alguns pais começam cedo a preparação dos filhos para o casamento. Estabelecem um acordo ou pacto entre pais e filhos quanto aos padrões de namoro e futuro casamento.
Se, como pais, vocês fossem desenvolver um "pacto de namoro" baseado em princípios bíblicos, que princípios incluiriam nele? SEM OLHAR O EXEMPLO DADO A SEGUIR, procurem listar algumas regras que comporiam esse pacto. Depois, procurem comparar as ideias sugeridas pelo grupo com a seguinte amostra de um pacto que algumas famílias têm usado com sucesso.

_____
_____
_____

Um pacto de namoro

Comprometo-me, pela graça de Deus, a seguir estes padrões no meu relacionamento com pessoas do sexo oposto:

1. Desenvolver amizades sadias, sem envolvimento físico precipitado.
2. Buscar o conselho, a aprovação e o envolvimento dos meus pais e da minha família antes de assumir um compromisso mais sério de namoro.
3. Não assumir compromisso nenhum de amizade mais séria (namoro, noivado etc.) com pessoas que não partilhem da mesma fé e da mesma "missão" de vida.
4. Guardar meu coração de fantasias sexuais, evitando formas de entretenimento sensual, situações comprometedoras, o "ficar" etc.
5. Buscar o perdão, quando apropriado e necessário, das pessoas a quem talvez eu tenha "defraudado".

6. Com que pontos do "pacto" você mais concorda? Com quais deles você não concorda? Por quê?

_____
_____
_____

Solteirismo

Sem dúvida, um dos desafios principais que os jovens enfrentam é o solteirismo. Trata-se de um desafio que atinge tanto homens quanto mulheres, embora, quando não se casam, as mulheres pareçam ficar mais "desesperadas", por causa dos próprios "tabus" culturais. Tomar iniciativa em relacionamentos com o sexo oposto é sempre mais difícil para a mulher do que para o homem. Constantemente, a propaganda da mídia põe diante de nossos olhos a impressão de que "se for solteiro, algo deve estar errado com você"!

A perspectiva bíblica é diferente, e essa perspectiva precisa ser resgatada.

7. Leia 1Coríntios 7:8,9. O que Paulo diz quanto ao solteirismo? Qual a implicação disso para os pais?

_____

_____

_____

Conforme o apóstolo Paulo, ser (ou estar) solteiro não é como ter cólera ou peste bubônica! Em termos de serviço para o reino de Deus, é preferível continuar livre das preocupações conjugais e familiares para poder se dedicar de corpo e alma à obra do evangelho. Os pais não devem pressionar o filho solteiro para um relacionamento precipitado, mas encorajá-lo a desenvolver qualidades de caráter desejáveis em um futuro cônjuge. O apóstolo acrescenta um "porém", justamente a tentação sexual, que de tal forma pode distrair o solteiro que ele não seja mais capaz de servir ao reino "de corpo e alma". Nesse caso, os desejos do corpo interferem no trabalho espiritual com almas.

O "ficar"

"Ficar" é um fenômeno que sempre existiu, mas que tem atingido cada vez mais adolescentes e jovens e constitui um perigo para aqueles que querem se preparar da melhor forma possível para o seu futuro lar.

Quem "fica" entra em um relacionamento que inclui (e normalmente enfatiza) envolvimento físico sem nenhum compromisso de longo prazo. Essa prática, entretanto, ensina hábitos de autogratificação, imediatismo e sensualidade, que minam a pureza moral da nossa juventude, neutralizam seu testemunho e, eventualmente, estragam seus futuros lares.

8. Alistem todos os argumentos bíblicos possíveis que mostram que o "ficar" não é apropriado para o jovem cristão.

_____
_____
_____

Existem pelo menos duas razões bíblicas mostrando que o jovem cristão não deve seguir a moda de "ficar":

1. Amizade bíblica implica **compromisso**. O livro de Provérbios esclarece a natureza da verdadeira amizade: amizade exige **constância** (Pv 17:17; 18:24), **lealdade** (27:10) e **compromisso** (17:17). A amizade não é influenciada pelo "exterior", como bens materiais e aparências (19:4,6,7; 14:20,21). A amizade sempre pensa no bem-estar do outro, e não na própria gratificação, e não mede esforço para estimular melhoras no caráter do outro (27:17; cf. 27:5,6). A amizade verdadeira segue o padrão de amor descrito em 1Coríntios 13:4-8. O compromisso de *dar-se* é muito raro em nossos dias, mesmo entre amigos, e praticamente inexistente no "ficar".

2. Biblicamente, o envolvimento físico legítimo entre duas pessoas sempre exige compromisso sério entre elas, especificamente, no casamento. A união física de duas pessoas reflete uma aliança (compromisso) entre elas (Pv 2:17; Ml 2:14; Gn 2:24). Deus criou as **expressões físicas de amor e intimidade** como uma "escada biológica". No plano de Deus, cada degrau da "escada" leva naturalmente ao próximo degrau, até alcançar o "topo": a consumação

sexual. Deus deixa bem claro que essa experiência é reservada a casais casados (Hb 13:4).

As pressões para "ficar" são muito grandes. Os pais têm a enorme responsabilidade de ensinar o padrão divino que, pela graça de Deus, o jovem cristão pode atingir.

O ninho vazio

O preparo dos filhos para o futuro tem outra dimensão. Os pais precisam estar prontos para o dia em que não haverá mais filhos em casa. A saída do último filho pode ser um momento traumático. Esse momento, conhecido por alguns como o "ninho vazio", representa outro desafio para os pais.

9. Quais os fatores ou as causas que levam alguns pais ao desespero quando enfrentam o "ninho vazio"?

_____
_____
_____

Pais que não tomam cuidado para manter saudável seu relacionamento como casal, ou que vivem sua vida exclusivamente para os filhos, ou que têm uma ligação afetiva/emocional exagerada e até doentia com os filhos podem experimentar o trauma do "ninho vazio". Os pais precisam se lembrar de que o relacionamento entre eles tem prioridade sobre todos os outros relacionamentos da família.

Conforme Gênesis 2:24, "deixar pai e mãe" sugere que os pais também têm a responsabilidade de preparar os filhos para saírem de casa. Os pais devem preparar os filhos para algum dia serem independentes do lar, deixando o lar de origem. Devem reconhecer que, uma vez casado, a primeira responsabilidade do filho é cuidar do cônjuge, formando um lar diferente do lar dos pais. Os pais não devem interferir na autonomia desse novo lar.

10. Quais são algumas das maneiras pelas quais os pais/sogros interferem na autonomia do lar dos filhos?

INSPECIONANDO A CONSTRUÇÃO

(?) Leia abaixo o artigo "Preparando os filhos para o casamento". Das ideias apresentadas ali, selecione uma que você ache mais viável. Como utilizá-la em sua família? Quais as adaptações que você faria?

ACABAMENTO

Para refletir:

(?) Por que Satanás tem tanto interesse em inverter a ordem dada na Bíblia para relacionamentos, fazendo com que neles a intimidade física tome o primeiro lugar?

PREPARANDO OS FILHOS PARA O CASAMENTO[1]

Talvez um dos maiores perigos que ameaçam nossos filhos seja a falta de preparo para o futuro casamento. Precisamos resgatar o envolvimento sábio dos pais nos relacionamentos dos filhos,

---

[1]Para muitas outras ideias e informações úteis para pais e filhos no preparo para o futuro casamento, veja MERKH, David e MENDES, Alexandre, *O namoro e noivado que DEUS sempre quis*, e *Perguntas e respostas sobre o namoro e o noivado que Deus sempre quis*. São Paulo: Hagnos.

especialmente no namoro e noivado, culminando no casamento. Se isso há de acontecer, precisamos começar cedo — não adianta baixar regras e padrões sobre seu filho jovem se você não preparou o caminho quando ele tinha 7 ou 8 anos!

Enquanto os pais se esforçam muito para preparar os filhos para o vestibular, para a carreira e outras atividades importantes da vida, são poucos aqueles que realmente se dedicam ao preparo dos filhos para o casamento. Esse treinamento deve começar cedo e continuar até o dia em que a "princesa" (ou príncipe) proferir seus votos conjugais.

Pais e mães que querem o melhor para seus filhos devem se preocupar em ensinar-lhes habilidades essenciais para o bom funcionamento do lar. Tanto homens quanto mulheres devem ter noções básicas de como cozinhar, costurar, lavar roupa, organizar seu dia, cuidar das contas bancárias, fazer consertos simples em casa e no carro e tomar decisões financeiras.

Se esse cuidado precisa ser tomado quanto às habilidades materiais, mais devem importar as habilidades morais! Precisamos fazer tudo que for possível, usando todas as armas existentes em nosso arsenal paterno, para proteger e preparar nossos filhos para a pureza moral e um casamento feliz.

Sugerimos algumas ideias para pais que querem assumir o papel de guardiões do coração dos seus filhos, que lhes é atribuído na Bíblia. Somos chamados para proteger nossos filhos, mas também para prepará-los para a instituição sagrada e digna do casamento.

A chave do coração

Nestes dias em que parece quase impossível vencer a luta contra a sensualidade, os pais cristãos precisam tomar providências e ser proativos (e não somente reativos) diante de uma cultura altamente sensual. O coração é a *fonte da vida* (Pv 4:23), e os pais têm a responsabilidade de proteger a pureza e inocência de seus filhos.

Em um momento oportuno, os pais podem sair com sua filha para uma noite especial, só os três. Depois da refeição, podem entregar-lhe um presente: um cordão com um pingente em forma de coração. O pai pode explicar que o coração está ali para representar o coração da filha e que, a qualquer custo, ela deve proteger o seu coração. Deve declarar que, como pai, foi chamado por Deus para ajudá-la nessa tarefa. O alvo é que ela chegue ao dia do casamento como um *jardim fechado* (Ct 4:12). Por isso, o pai guardará com ele a chave, representando a pureza moral da filha.

A chave poderá ser entregue ao noivo como parte da cerimônia de casamento. A essa altura, quando tradicionalmente o pai entrega a noiva para o noivo, o pai também deve lhe entregar a chave. A chave serve como testemunho simbólico de que sua filha foi guardada para o noivo e que, daqui em diante, ele será o protetor do coração da esposa.

Para a moça, na sua juventude, a "chave do coração" serve como símbolo do seu compromisso com os pais e com Deus. Não é um amuleto que garante sua pureza, mas certamente será um passo na direção certa.

O baú do tesouro

Essa ideia é a versão masculina da "chave do coração". Os pais (ou, se for necessário, somente o pai ou somente a mãe) saem com seu filho para uma atividade especial. Parte da conversa deve voltar-se para a importância da pureza moral e da proteção do coração do jovem (Pv 7). Ao terminar a conversa, os pais entregam um baú rústico e pequeno com fecho apropriado para colocar um cadeado. Dentro dele há um pingente de ouro no formato de coração. O coração representa o coração do filho, que será guardado puro até o casamento. Junto com seus pais, o filho deve fechar o baú com o cadeado. Os pais guardarão a chave, e o filho guardará o baú num lugar de destaque em seu quarto para servir de lembrança de seu compromisso diante de Deus e dos pais.

Assim como na ideia anterior, esse "memorial" poderá fazer parte da cerimônia de casamento. O coração poderá ser entregue à noiva pelo noivo, assim demonstrando que seu coração foi guardado puro para ela.

Encontros individuais

No preparo de um filho para o casamento, nada substitui os momentos passados só na companhia dos pais, para "abrir o jogo" sobre namoro, noivado, sexo e casamento. Não se pode (nem se deve) abrir forçosamente uma janela no coração do filho, mas pode-se criar ambiente propício para que ele mesmo abra a janela. Ótimas oportunidades para isso são os encontros individuais e regulares com seus filhos.

Uma forma de colocar em prática a ideia é tendo encontros particulares para café da manhã. Sair periódica e individualmente com cada filho para tomarem café e conversarem representa momentos para encorajar individualmente a criança, falando quanto ela é valorizada e quanto significa para a família. Os pais devem conversar sobre assuntos de interesse para aquele filho. Muitas vezes, isso resultará em conversas mais sérias sobre o relacionamento do filho com Deus, com os irmãos e com os amigos do sexo oposto.

É muito válido que, antes de o interesse pelo sexo oposto ser despertado no filho pré-adolescente, o pai faça com ele um estudo sobre princípios de namoro. No estudo, os dois conversarão sobre princípios, cautelas, o plano de Deus no casamento etc. É bom que o pai chegue ao coração do filho antes do "mundo", porque, então, a conversa será mais aberta, e o filho receberá melhor o conselho do pai. Quando iniciar um namoro, já terá fixados na mente — e, espera-se, no coração — os conselhos recebidos do pai.

Pacto familiar de namoro

Como já vimos no corpo da lição, antes de os filhos chegarem à idade de interesse sério pelo sexo oposto, os pais podem estabelecer um "pacto familiar de namoro" que estipule as expectativas, os padrões, os pré-requisitos no namoro. É importante que tanto pais quanto filhos concordem sobre os padrões a serem estabelecidos, pois, mais tarde, eles servirão como base de cobrança e entendimento mútuos.

O pacto pode ser elaborado conjuntamente por pais e filho. Numa ocasião especial (por exemplo, uma saída dos pais com o filho), eles podem conversar sobre o pacto e depois "ratificá-lo". Será bom que, de vez em quando, o pacto seja revisado para ser mantido vivo na memória de todos.

Estágio dos noivos

Talvez pareça uma ideia utópica, mas seria muito saudável resgatarmos algo que era comum em um tempo não muito distante: o casamento entre duas pessoas que conheciam muito bem a família uma da outra. O "estágio dos noivos" segue o princípio de que o casamento une não somente duas pessoas, mas duas famílias, e que, quanto mais um noivo conhece a família do outro, menos problemas eles terão no casamento.

O "estágio" pode ser de uma semana ou de um ano, dependendo da situação das pessoas envolvidas no casamento. Quanto mais tempo, melhor. Cada noivo deve passar um período morando com a família do outro, com o objetivo de observar, aprender e entender. Se for possível o noivo trabalhar e ministrar com o pai da noiva, será ótimo. Se a noiva puder ficar ao lado da futura sogra, aprendendo os pratos prediletos do noivo e recebendo outras informações "úteis", melhor ainda! Nesse período, o casal deve tomar cuidado com os próprios padrões de relacionamento, especialmente se estiverem morando na mesma casa (seria melhor que cada um passasse esse tempo na casa do outro, reservando pequenos intervalos em que ambos estejam juntos na mesma casa).[2]

Conclusão

Essas ideias não garantem sucesso para o futuro lar de nossos filhos. No entanto, representam bons passos na direção certa e resgatam o envolvimento sadio dos pais-conselheiros no namoro, noivado e casamento dos filhos. Conforme o ditado "Antes que cases, vê o que fazes!", os olhos dos pais ajudam a abrir os olhos dos filhos para a seriedade, o privilégio e as responsabilidades do seu futuro lar.

[2]Esta ideia é uma adaptação de uma sugestão encontrada em: PHILLIPS, Michael e Judy. Best friends for life. Grand Rapids, MI: Baker Publishing Group, 1997.

LIÇÃO 15

Famílias com uma missão

> PRINCÍPIO DE CONSTRUÇÃO
>
> *A melhor maneira de evitar que a família seja um campo missionário é torná-la um centro de missões.*

■ Objetivos do estudo

Como resultado deste estudo, os membros do grupo devem ser capazes de:

- Compreender o lugar estratégico da família no plano global divino.
- Aceitar a visão da família como "centro de missões", e não como "campo missionário".
- Desenvolver uma estratégia familiar para que pais e filhos sejam incentivados a "elevar os olhos e ver os campos" prontos para missões no mundo.

Sugestões didáticas:

1. O grupo deve planejar a formatura para marcar o final desta etapa de estudos. Veja a introdução deste manual para ideias sobre o planejamento da comemoração.

2. Para este estudo, providenciar um globo terrestre e outro material disponível sobre missões (folhetos e propaganda do departamento de missões da igreja ou da denominação, bandeiras etc.).

3. Se você conhecer uma família que esteja bem envolvida em atividades missionárias, uma boa ideia será convidar um ou dois de seus membros para que deem um breve testemunho diante do grupo no início da lição.

Terraplenagem

Você conhece o mundo?

- **Material necessário:** uma folha de papel e um lápis para cada pessoa presente; série de perguntas dadas a seguir sobre estatísticas globais; prêmio (opcional).

- **Procedimento:** Distribua as folhas de papel e os lápis. Leia as perguntas a seguir, dando tempo suficiente para o grupo anotar suas respostas. Depois de ler todas as perguntas, corrijam o exercício juntos. Dê um prêmio para quem conseguir acertar o maior número de respostas. (As respostas se encontram no final da lição, em "Inspecionando a construção".)

    1. A cada MINUTO, quantas pessoas nascem no mundo?
        a. 2
        b. 12
        c. 25
        d. 255

    2. A cada MINUTO, quantas pessoas morrem no mundo?
        a. 7
        b. 17
        c. 108
        d. 1.070

    3. A cada ano, quantos habitantes são somados ao planeta?
        a. 82 mil
        b. 8,2 milhões
        c. 82 milhões
        d. 820 milhões

4. Dos seguintes "métodos" de evangelização, qual o mais eficaz em produzir decisões por Cristo (em porcentagem de conversões)?
   a. leitura individual da Bíblia
   b. rádio/TV
   c. sermões/pastores
   d. cruzadas
   e. amigos
   f. parentes

FIRMANDO ALICERCES

Compartilhe suas reações depois da leitura do artigo "Preparando os filhos para o casamento" (p. 213).

[?] Alguém já tem planos de pôr em prática uma das ideias sugeridas na lição anterior, em termos de preparo dos filhos para o casamento?

_____
_____

ERGUENDO PAREDES

No seu plano, Deus sempre usou famílias para encher a terra com sua glória. Criou Adão e Eva à sua "imagem e semelhança", um reflexo de quem Ele é (Gn 1:27). Colocou o casal no jardim do Éden como seus representantes, para dominar e sujeitar a terra enquanto cultivavam o jardim e cuidavam dele (Gn 1:28; 2:15). Determinou que a primeira família se multiplicasse e enchesse a terra, com novas imagens da glória de Deus (Gn 1:28) — uma ordem "missionária" no primeiro capítulo da Bíblia!

Infelizmente, a queda atingiu o plano original. Em lugar de imagens gloriosas de Deus, tanto o primeiro casal quanto seus descendentes passaram a refletir uma natureza humana suja. Mesmo que não totalmente apagada, a imagem divina foi grandemente danificada e teria de ser restaurada. Isso aconteceu pela obra do Filho de Deus em sua morte e ressurreição. Jesus pagou o preço que permitiria que a imagem de Deus brilhasse outra vez no homem: ... *se alguém está em Cristo, é nova criação...* (2Co 5:17). *Mas todos nós, com o rosto descoberto, refletindo como um espelho a glória do Senhor, somos transformados de glória em glória na mesma imagem, que vem do Espírito do Senhor* (2Co 3:18).

Como temos visto neste caderno, cabe aos pais a tarefa de fazer visível a imagem de Deus em seus filhos, revelando-lhes o estado pecaminoso do coração deles e dirigindo-os para a salvação e santificação em Cristo Jesus. Entretanto, a tarefa dos pais não termina com o discipulado e a disciplina dos filhos. O propósito de Deus é muito maior: alcançar o mundo, a começar com a família.

Nesta lição, queremos elevar os nossos olhos para realmente enxergar a necessidade que o mundo tem de Jesus e o lugar estratégico que SUA família pode ter nessa obra global.

1. O plano original para alcançar o mundo começou com uma família. Ao lado de cada família bíblica que segue, anote a maneira pela qual Deus a usou em seu plano.

   Adão e Eva (Gn 3:15)

   _____

   _____

   _____

   Noé (Gn 6:12-14,18; 7:1; 9:1,7)

   _____

   _____

   _____

   Abrão (Gn 12:1-3)

   _____

   _____

   _____

Resumindo as histórias dessas três famílias, narradas em Gênesis, percebemos que o Salvador viria como descendente da mulher e esmagaria a cabeça de Satanás. Deus escolheu a família de Noé para recomeçar a raça humana na terra. Depois, deu à família de Noé a mesma ordem dada a Adão e Eva: multiplicar-se e encher a terra. A família de Abrão foi escolhida para ser o canal de bênção para todos os povos da terra, algo que aconteceu quando Deus enviou seu único Filho, Jesus, em uma missão de resgate, como missionário que veio fazer parte de uma FAMÍLIA.

2. O propósito original de Deus foi encher toda a terra com representantes de sua imagem, por intermédio da família (Gn 1:27,28). **Leia Mateus 28:18-20.** Qual o propósito divino hoje?

_____

_____

_____

Jesus chamou seus seguidores para fazer discípulos (súditos) do seu reino em toda a terra, por meio de um processo de evangelização e ensino. Como família de Deus (1Tm 3:15), a igreja existe para cumprir esse plano, mas a família continua fazendo parte dessa tarefa.

3. Deus usa a sua igreja hoje como agente principal na tarefa missionária. Isso, porém, não exclui a responsabilidade da família nesse plano maravilhoso. Conforme o ditado, "famílias fortes, igrejas fortes; famílias fracas, igrejas fracas". Em sua opinião, como a família e a igreja podem cooperar na grande comissão, visando alcançar o mundo com o evangelho de Cristo Jesus?

_____

_____

_____

A família faz parte da igreja e contribui para sua missão de resgatar vidas para a glória de Deus. Há muitas maneiras pelas quais a família pode apoiar a igreja nesse plano: campanhas evangelísticas, contribuição regular e ofertas especiais, "adoção" de missionários, viagens missionárias, ação social e muito mais. A igreja apoia a família dando oportunidade para que todos os seus membros se envolvam na obra missionária, mantendo-os informados sobre as necessidades do mundo, ensinando e pregando sobre missões, disponibilizando recursos missionários, treinando-os para a obra e muito mais.

4. Leia o Salmo 67. Esse salmo contém a súplica pela bênção do Senhor, e facilmente essa oração poderia ser feita por uma família cristã hoje. Note, porém, a razão pela qual o salmista quer a bênção de Deus — não para ser usufruída por ele mesmo, mas para abençoar o mundo! Quantas vezes o salmo menciona esse propósito global? Quais as expressões que se referem ao mundo e/ou a seus povos?

_____
_____
_____

Dependendo da sua versão da Bíblia, há até 11 referências globais no texto. Na *ARA — Almeida Revista e Atualizada —*, essas expressões são as seguintes:

- Na terra
- Em todas as nações
- Os povos
- Os povos todos
- As gentes
- Os povos
- Na terra
- As nações
- Os povos
- Os povos todos
- Todos os confins da terra

5. Sua família tem a mentalidade de que é abençoada para abençoar o mundo? Pensem, como grupo, em maneiras práticas pelas quais uma família poderia abençoar o mundo, tanto material quanto espiritualmente, e anote aqui as ideias sugeridas.

_____
_____
_____

6. Leia João 4:35 e Mateus 9:36-38. O que Jesus pediu a seus seguidores? Como uma família poderia cumprir esses pedidos do "Senhor da seara"?

_____
_____
_____

Jesus nos mandou erguer os olhos para compreender a necessidade e a fertilidade dos campos prontos para a ceifa; reconhecer que há poucos obreiros trabalhando no campo do Senhor; e implorar que Ele mesmo envie mais trabalhadores à seara. Como pais, será que estamos sintonizados com o coração e a paixão de Jesus pelo mundo? Até que ponto estamos prontos, dispostos e ENCORAJANDO nossos filhos a se engajarem na tarefa de alcançar o mundo com o evangelho de Cristo? Ai de nós, diante de Deus, se formos a razão principal a impedir que nossos filhos dediquem sua vida ao serviço do Rei!

A família precisa sempre se manter informada sobre a condição do mundo ao seu redor e fazer de tudo para demonstrar compaixão pelos povos. É preciso orar para que Deus levante obreiros, até mesmo entre os próprios membros da família, para que estes estejam engajados na obra missionária.

7. Leia Atos 1:8. Alguns identificam uma estratégia missionária nesse texto, que também serve como esboço do livro de Atos: Jerusalém (nossa cidade, contexto atual e povo), Judeia (nosso estado, país ou povo), Samaria (as pessoas próximas geograficamente, mas distantes étnica ou economicamente) e os confins da terra (o mundo inteiro). Como grupo, façam uma "tempestade cerebral" para pensar em maneiras pelas quais a família pode ter um envolvimento missionário em cada uma dessas áreas.

Jerusalém (sua comunidade)

_____
_____
_____

Judeia (seu estado, país ou povo)

_____
_____
_____

Samaria (as pessoas menosprezadas)

_____
_____
_____

Confins da terra (o mundo inteiro)

_____
_____
_____

8. Vocês conseguem pensar em vantagens para a própria família quando levantam os olhos para fora, para o campo missionário, e não somente para seus problemas? Quais os benefícios de uma e visão de uma missão familiar?

_____
_____
_____

Conclusão

As possibilidades para o envolvimento da família no projeto missionário global são enormes, e os benefícios, "fora deste mundo". Quando a família levanta os olhos para o campo, acaba se unindo ao redor de um projeto ou alvo com dimensões universais; cria uma identidade própria; tem seus problemas reduzidos porque as necessidades dos outros estão em vista; a cobiça pode diminuir, pois há propósitos maiores para o dinheiro da família. As intrigas, as reclamações, a ingratidão e o descontentamento podem diminuir depois de as pessoas se conhecerem em um campo missionário. Deus chama a família para ser um centro de missões, e não um campo missionário!

INSPECIONANDO A CONSTRUÇÃO

Respostas à terraplenagem "Você conhece o mundo?":

1. Resposta "D": 255 pessoas nascem no mundo a cada MINUTO (4,2 por segundo ou 15:120 por hora).[1]
2. Resposta "C": 108 pessoas no mundo morrem a cada MINUTO (6:420 pessoas por hora).[2]
3. Resposta "C": 82 milhões de pessoas aproximadamente, o equivalente à população do Irã, são acrescentadas à população do mundo a cada ano.[3]
4. Resposta "F": Estima-se que 50% das conversões se dão por meio de parentes; 1,7% das conversões vêm pela leitura da Bíblia; 2,2%, por rádio/TV; 5,8%, por meio de sermões/pastores; 3,7%, por meio de cruzadas; 30%, por meio de amigos.[4]

Leia o artigo "A família, centro de missões" (p. 227).

(?) Você pode implementar UMA ideia que tenha surgido para o envolvimento missionário da família, como resultado desta lição? Anote aqui sua ideia para manter o foco na seara do Senhor:

_____
_____
_____

---

[1]http://www.indexmundi.com/world/birth_rate.html
[2]http://www.indexmundi.com/world/death_rate.html
[3]www.worldometers.info
[4]Instituto Haggai (1997).

ACABAMENTO

(?) Um estudo fascinante contrasta dois casais da Bíblia e suas respectivas "missões" na vida: Ananias e Safira (At 5:1-11) e Áquila e Priscila (At 18:2,18,26; Rm 16:3; 1Co 16:19; 2Tm 4:19). Pelos relatos bíblicos, qual foi a "missão" de cada uma dessas duas famílias? De que maneira elas evidenciaram esse propósito de vida? Quais foram os resultados?

_____

_____

A FAMÍLIA, CENTRO DE MISSÕES[5]

Não há nada melhor para unir a família, equipar seus membros para outras tarefas, descobrir os dons espirituais de cada um e alcançar o mundo do que o ministério familiar. Essa frente unida, em que cada um desempenha um papel importante, serve de forte testemunho num mundo em que a união familiar está quase extinta. *A melhor maneira de evitar que a família seja um campo missionário é torná-la um centro de missões!*

O ministério familiar começou com a criação de Adão e Eva. Adão não foi capaz de realizar o ministério de cuidar e cultivar o jardim sem sua esposa. Eles receberam o mandato de dominar a terra, enchendo-a com pequenas "imagens" de Deus. Esse precedente continuou com Noé, que, com sua família, salvou a terra, e Abraão, cuja família seria uma bênção para todas as famílias da terra (Gn 12:1-3).

No Novo Testamento, percebemos a importância do testemunho da família nas qualificações dos líderes da igreja, cujos filhos devem ser crentes, obedientes e respeitadores dos pais (1Tm 3:4; Tt 1:6). Lemos também sobre o exemplo de Áquila e Priscila (At 18:18,26;

---

[5]Material adaptado de MERKH, David e Carol Sue. *101 ideias criativas para a família*. São Paulo: Editora Hagnos, 2000, p. 113-122.

1Co 16:19), de Filipe e suas filhas (At 21:8,9) e da existência de muitas igrejas reunidas em casas particulares, no contexto da família (Cl 4:15; Rm 16:5; 1Co 16:19).

Para estimular nossa criatividade no uso do lar como centro de treinamento missionário e evangelização do mundo, apresentamos aqui algumas ideias:

Declaração de propósito da família

Assim como as empresas e instituições, a família pode declarar sua "razão de existir" ou "missão familiar". Esta declaração deve incluir o propósito da família, resumido em uma frase, e objetivos específicos a serem alcançados. A declaração pode incluir também alvos concretos para um, cinco e dez anos (veja a seguir). Esta atividade exige um tempo significativo de conversa para que pais e filhos possam chegar a um consenso. Um exemplo:

Declaração de propósito da família Silva

Temos como propósito glorificar a Deus por intermédio da conversão de cada membro da nossa família e do uso dos nossos dons espirituais para o fortalecimento de famílias a serviço de Jesus, no contexto da nossa igreja.

Alvos da família

Assim como a família faz na declaração de propósito (que deve ser pré-requisito para a formulação de alvos específicos), pode reunir-se para estabelecer alvos concretos e mensuráveis, de curto e longo prazos. Como alguém disse, "Quem não tem nada em mira sempre acerta na mosca!" A família pode escolher missionários, regiões (por exemplo, a Janela 10/40[6]) ou talvez algum país ou grupo étnico como alvos missionários.

Um exemplo:

---

[6][NE] A Janela 10/40 é uma faixa de terra que vai do oeste da África até a Ásia. Subindo, a partir da linha do equador, fica entre os graus 10 e 40, formando um retângulo. Na região, vive o maior número de povos não-evangelizados da terra, cerca de 3,2 bilhões de pessoas, em 62 países.

ALVOS DA FAMÍLIA SILVA

Alvos a serem alcançados em um ano:

1. Realizar o culto doméstico quatro dias por semana.
2. "Adotar" um missionário, contribuindo para seu sustento e mantendo com ele contato por correspondência a cada três meses.
3. Contribuir com 12% de nossas entradas para a obra do Senhor.

Alvos para serem alcançados em cinco anos:

1. Ler juntos o Novo Testamento todo.
2. Contribuir com 15% de nossas entradas para a obra do Senhor.
3. "Adotar" dois missionários da Europa Oriental.

Alvos para serem alcançados em dez anos:

1. Visitar e ministrar juntos em um campo missionário durante as férias.
2. Contribuir com 18% de nossas entradas para a obra do Senhor.
3. Orar, pelo menos uma vez, em prol de cada país do mundo.

O sonho da família

Outra ideia que ajuda a criar um senso de identidade familiar é a formulação de um "sonho da família", que envolva a família toda no sonho de Deus: alcançar os confins da terra com o evangelho de Cristo. Todos devem colaborar para que esse sonho seja verbalizado, colocado no papel e, aos poucos, realizado.

Comece com uma "tempestade cerebral", em que surjam ideias, alvos e objetivos que a família tem para o futuro. Anote essas ideias. Permita que todos falem, sem que você faça crítica nenhuma — o momento é para sonhar sobre o que vocês gostariam que a família fosse ou realizasse em prol de missões. Pode ser a visita da família a um campo missionário, o envio de um membro da família numa viagem missionária, o sustento de missionários etc.

Passado um tempo para reflexão, reúnam-se novamente para concretizar suas ideias na declaração de um sonho familiar. Esse sonho deve ser ousado e único — na medida do possível, a marca que fará distinção entre sua família e as outras. Depois de formular seu sonho, pense nos passos concretos que precisam tomar para torná-lo realidade.

Por exemplo, conhecemos uma família que tinha o sonho de construir um acampamento rústico para jovens e adolescentes em sua propriedade nas montanhas. Demorou anos e custou muito trabalho para que o sonho fosse realizado. Outra família tem o sonho conjunto de manter um "instituto bíblico ambulante". Querem reformar um ônibus para viajar pelo interior do Brasil, conduzindo institutos bíblicos relâmpagos, distribuindo literatura evangélica e ministrando a pessoas carentes. Outras famílias adotam missionários ou até mesmo regiões, povos ou países como sua mira evangelística missionária. Não há limite para o que uma família pode realizar em prol da seara do Senhor!

Viagens missionárias

Nada impacta uma família tanto quanto uma viagem missionária. Escolha um lugar de acesso dentro das suas condições. Ore e planeje a viagem durante um bom tempo, reunindo-se como família uma vez por mês para avaliar os preparativos. Todos devem se inteirar das necessidades da missão e dos missionários e levantar a ajuda que for necessária. A viagem pode ser de uma semana ou de um mês, dependendo da disponibilidade da família e da missão. Compartilhe o projeto com os irmãos da igreja.

Um alerta: Tenham cuidado para não ser um peso para a missão nem para os missionários. Entrem em contato com eles com muita antecedência e preparem-se para ser verdadeiros servos no campo.

Se não for possível fazer uma viagem missionária como família, pensem na possibilidade de trabalhar juntos para enviar um membro da família como seu representante para algum campo. Ou, se isso também não for possível, chamem o campo missionário para sua sala de estar! Convidem um missionário em licença, um pastor ou outro obreiro cristão para compartilhar seu testemunho de ministério missionário.

Oferta familiar

Como parte de uma campanha de missões da igreja ou até mesmo da própria família, renunciem por algum tempo determinado prazer (passeio, sorvete, refrigerante etc.) e entreguem o dinheiro poupado como oferta da família.

Providenciem um "banco" familiar — uma caixa ou lata com uma fenda, onde todos vão depositar trocos, moedas ou outro dinheiro, conforme a disposição pessoal. O dinheiro poupado deve ser entregue à igreja em nome da família, ou pode ser designado para algum projeto específico (sacos de cimento para a construção, passagem para um missionário etc.). O importante é que todos participem da entrega.

Outra opção é que a família identifique uma família carente e prepare uma cesta de alimentos para lhe ofertar (cada membro da família deve participar das compras, que podem incluir itens especiais, e não somente "arroz e feijão").

Uma ou duas vezes ao ano, separem roupas usadas, brinquedos e outros objetos em bom estado para dar aos necessitados.

O refúgio aberto

Uma ideia simples, mas cada vez mais rara, é o uso do lar como centro de refrigério e hospitalidade para outros. Várias vezes, a Bíblia nos chama para a prática da hospitalidade (Hb 13:2; 1Pe 4:9; 1Tm 3:2; Tt 1:8). A família pode acolher ministros itinerantes, missionários que estejam fazendo promoção de missões ou até mesmo pessoas em situações difíceis. Certamente, a pessoa hospedada será abençoada, mas a família é que receberá muito mais bênçãos. Os filhos ganharão uma visão do mundo, serão enriquecidos pelas experiências de pessoas as mais variadas e aprenderão a dar de si mesmos sem motivos egoístas.

Projeto adoção

Adotem um missionário, seminarista ou outro obreiro conhecido da família. Escrevam cartas ou telefonem periodicamente para seu obreiro adotivo; convidem-no para tomar uma refeição com vocês ou para se hospedar em sua casa durante o período de promoção. A família pode também participar do sustento financeiro, e até as crianças devem ajudar, separando uma parte de sua mesada ou ganhando dinheiro fazendo pequenas tarefas de casa, preparando e vendendo doces na vizinhança.

Projetos ministeriais

Um excelente projeto para desenvolver as habilidades ministeriais da família toda, descobrir os dons espirituais de cada um e demonstrar espírito de serviço é assumir responsabilidade por um ministério da igreja. Opções incluem a Escola Bíblica de Férias de uma congregação da igreja, o cultinho, uma classe de Escola Bíblica Dominical, clube bíblico no quintal ou outro projeto de curto ou longo prazo. A família deve passar um bom tempo em oração e planejamento, ensaiando, preparando e fazendo a avaliação posterior.

Não há limite para o que pode ser feito pela família que tem seus olhos elevados para o mundo e suas necessidades. Para começar a alcançar o mundo, não é necessário "abraçar o mundo"! Comece devagar, mas comece! Pela graça de Deus, sua família será um centro de missões, e não um campo missionário.

Caderno de oração

Use esta folha para registrar os pedidos de oração dos outros membros do grupo e as respostas que Deus lhes der.

Data	Nome	Pedido	Resposta

Data	Nome	Pedido	Resposta

Palavra final

Certa vez, ouvimos a seguinte descrição anônima de como Deus criou os pais e avós:

Deus criou a mula e lhe disse:

— Você será mula, trabalhando constantemente, do amanhecer até o anoitecer, carregando fardos pesados nas costas. Comerá grama, e lhe faltará a inteligência. Viverá quarenta anos.

A mula respondeu:

— Senhor, viver desse jeito durante quarenta anos é demais para mim. Por favor, dá-me não mais que vinte anos.

E foi assim.

Depois, Deus criou o cachorro e lhe disse:

— Você é cachorro. Guardará a casa do homem, de quem você será o melhor companheiro. Comerá as migalhas da mesa dele. Viverá vinte e cinco anos.

E o cachorro respondeu:

— Senhor, viver vinte e cinco anos como cachorro é demais para mim. Por favor, dá-me não mais que dez anos.

E foi assim.

Deus, então, criou o macaco e lhe disse:

— Você é macaco. Ficará pendurado nas árvores, comportando-se como idiota. Será engraçado. Viverá vinte anos.

E o macaco respondeu:

— Senhor, viver vinte anos sendo o palhaço do mundo é demais. Por favor, dá-me não mais que dez anos.

E foi assim.

Finalmente, Deus criou o homem e lhe disse:

— Você é homem, o único ser racional que anda na terra. Usará sua inteligência para dominar as criaturas do mundo. Governará sobre a terra e viverá por vinte anos.

E o homem respondeu:

— Senhor, ser homem durante somente vinte anos é pouco. Por favor, dá-me os vinte anos que a mula rejeitou, os quinze anos que o cachorro recusou e os dez anos que o macaco não quis.

E foi assim: Deus fez o homem para viver vinte anos como homem. Depois disso, casar-se e viver vinte anos como mula, trabalhando e carregando fardos pesados nas suas costas. Depois, ter filhos e viver quinze anos como cachorro, guardando sua casa e comendo as migalhas que seus adolescentes deixam na despensa. E, finalmente, na sua velhice, viver dez anos como macaco, comportando-se como um idiota para entreter seus netos.

E foi assim.

A nossa esperança é que você, querido leitor, não precise passar quinze anos guardando sua casa e comendo migalhas, só pelo fato de ter filhos. Desejamos que os princípios bíblicos compartilhados neste caderno sirvam para ajudá-lo a alcançar o coração de seus filhos, levá-los até Cristo Jesus, discipulá-los e disciplená-los bíblica e coerentemente. Que sua família seja um centro de missões, e não um campo missionário. Esperamos que os anos preciosos de criação de filhos sejam os melhores de sua vida e que, depois de tudo, você se divirta muito, mesmo que tenha de passar dez anos comportando-se como macaco para entreter seus netos!

Outros recursos oferecidos pelos autores, para a família e para grupos pequenos

Considere estes outros recursos, oferecidos por David e Carol Sue Merkh e publicados pela Editora Hagnos e pelos próprios autores:

Série *Construindo um lar cristão*

- *15 Lições para transformar seu casamento*
  15 estudos para o casal. Textos práticos e repletos de inspiração. Revelam as bases bíblicas para a construção de uma família debaixo Graça. Sem invenções ou mesmo fórmulas mágicas, esta importante obra tem seu foco no trabalho em conjunto e apego a Deus para vencer os vários tempos de crise que podem afligir a todos os casais.

- *15 lições para fortalecer sua família*
  15 estudos sobre temas e situações preocupantes no casamento, incluindo: maus hábitos, crítica, parentes, finanças, sogros, discussões e decisões sobre o futuro.

Série *101 ideias criativas*

- *101 ideias criativas para grupos pequenos*
  Um livro que ajuda muitos no ministério com grupos familiares e nos vários departamentos da igreja. Inclui ideias para quebra-gelos, eventos e programas sociais, assim como brincadeiras para grupos pequenos e grandes.

- *101 ideias criativas para o culto doméstico*
  Recursos que podem dinamizar o ensino bíblico no contexto do lar e deixar as crianças "pedindo mais".

- *101 ideias criativas para mulheres* (Carol Sue Merkh e Mary-Ann Cox)
  Sugestões para transformar a reunião de mulheres num evento inesquecível, que causa impacto na vida das mulheres. Inclui ideias para chás de bebê, chás de cozinha e reuniões gerais da sociedade feminina da igreja. Termina com dez esboços de devocionais para encontros de mulheres.

- *101 ideias criativas para a família*
  Apresenta sugestões para enriquecer a vida familiar, com ideias práticas para:
  - O relacionamento marido—esposa;
  - o relacionamento pai—filho;
  - aniversários;
  - refeições familiares;
  - a preparação para o casamento dos filhos;
  - viagens.

- *101 ideias criativas para professores* (David Merkh e Paulo França)
  Dinâmicas didáticas para enriquecer o envolvimento dos alunos na aula e desenvolver a melhor compreensão do seu ensino.

Série *Paparicar*

- *101 ideias de como paparicar seu marido*
  Pequeno manual com textos bíblicos aplicados à maneira pela qual as mulheres podem demonstrar, de forma prática, seu amor e respeito por seu marido.

- *101 ideias de como paparicar sua esposa*
  Pequeno manual com textos bíblicos aplicados à maneira pela qual os homens podem amar, servir e liderar, de forma prática, sua esposa.

Outros livros

- *151 boas ideias para educar seus filhos*
  Uma coletânea dos textos bíblicos voltados para a educação de filhos, com sugestões práticas e criativas para sua aplicação no lar.

- *O legado dos avós* (David Merkh e Mary-Ann Cox)
  Um livro escrito por uma sogra, em parceria com seu genro, sobre o desafio bíblico para deixarmos um legado de fé para a próxima geração. Inclui:
  - 13 capítulos desenvolvendo o ensino bíblico sobre a importância do legado, apropriados para estudo em grupos pequenos, Escola Bíblica etc.
  - 101 ideias criativas de como os avós podem investir na vida dos netos.

- *O namoro e noivado que DEUS sempre quis* (David Merkh e Alexandre Mendes)
  Uma enciclopédia de informações e desafios para jovens que querem seguir princípios bíblicos e construir relacionamentos sérios e duradouros para a glória de Deus.

- *Perguntas e respostas sobre o namoro e o noivado* (*que Deus sempre quis*) (David Merkh & Alexandre França).
  Visa preencher algumas lacunas de leituras anteriores; e encorajar o casal a compreender a suficiência das Escrituras na prática de situações cotidianas do namoro, noivado e direcionamento ao casamento.

- *Comentário bíblico: lar, família e casamento* (David Merkh)
  O livro aborda todas as áreas que envolvem a família, começando pelo seu propósito real e o significado desta perante Deus; passando por temas mais densos como divórcio, pureza sexual e jugo desigual, até chegar às definições bíblicas dos papeis de homens e mulheres dentro da nossa sociedade.

Acesse também:

www.palavraefamilia.org.br

Sua opinião é importante para nós.
Por gentileza, envie-nos seus comentários pelo e-mail:

editorial@hagnos.com.br

Visite nosso site:

www.hagnos.com.br